LLINELLAU COLL

Gwyn Briwnant Jones

GOMER

Argraffiad cyntaf—2000

ISBN 1 85902 589 7

Dymuna'r cyhoeddwyr gydnabod cymorth Adrannau Cyngor Llyfrau Cymru.

Argraffwyd yng Nghymru gan
Wasg Gomer, Llandysul, Ceredigion

RHAGYMADRODD

Fe fydd y sawl sydd eisoes yn gyfarwydd â llyfrau Gwyn Briwnant Jones ar reilffyrdd Cymru yn gwybod am drwch ei wybodaeth a'i allu, trwy briodi gair a llun, i gonsurio'r cyfnod digwyddlon hwnnw pan fforiai'r trên y wlad filltir ar ôl milltir goncweiriol. O'r 1830au tan yr 1960au roedd y rheilffordd ar wyneb tir Cymru mor anorfod â llinell yr einioes ar gledr llaw. Ac yna daeth Beeching.

Yn *Llinellau Coll* – a diolch fod yr awdur wedi troi at ei famiaith y tro hwn – cawn synwyruso'r hyn a gollwyd gyda diflaniad y trên o lawer llan, y rhwydweithiau cymdeithasol a ddatgymalwyd, yr asbri ymdeithgar a beidiodd, y prysurdeb pwfflyd a aeth gyda'r gwynt. Difyr iawn yw'r penillion a bynciwyd gan feirdd y bu cyweirnod y trên yn ei dro mor dderbyniol ganddynt â chân y gog, a rhaid diolch i Gwyn Briwnant Jones am lunio math ar antholeg sydd nid yn unig yn rhoi pleser i'r glust a'r llygad, ond sy'n rhoi rhywbeth i ddyn gnoi arno hefyd.

Pam nad yw'r trên, fel ffaith a throsiad, yn llawer amlycach yn ein llên? Yng nghelfyddyd Ewrop ac America cydnabuwyd ei ddyfodiad aruthrol gan feirdd, nofelwyr ac arlunwyr, a meddylier am y rhan a chwaraeodd ym myd y ffilm yn ddiweddarach. A pha ryfedd? Newidiodd ganfyddiad dyn o'i fyd – ei ymwybod ag amser, pellter a chyflymdra. Ni fu dim yr un fath ar ôl ei ddyfod.

Ond yn y Gymraeg, er ei fod yn bresenoldeb amlwg ym mhapurau a chylchgronau oes Victoria, nid ysgogodd yr un campwaith gan na bardd, na nofelydd nac arlunydd. Gellid tybio y byddai dyfodiad peiriant y credai llawer Cymro y byddai'n angau i'w famiaith – fe gofiwn am gartŵn enwog *Y Punch Cymraeg* – yn achos llenydda dwys, ond canu a gadael iddo a wnaeth y beirdd bron yn ddieithriad.

Ac yn yr ugeinfed ganrif, er i T. H. Parry-Williams ein dwyn ar deithiau syndodus gydag ef ar 'Y Trên Bach' ac 'Ar y "Santa Fe"', ac er i Saunders Lewis ein herio i fentro gydag ef i dwnnel yr abswrd 'Yn y Trên', yn seidings ein llên y bu'r trên ar hyd yr amser. 'Ma' rwbath neis iawn mewn sŵn trên yn bell yn y nos!' meddai'r Ferch yn nrama Gwenlyn Parry, *Y Tŵr*, a 'Trên!' yw gair olaf yr Hen Wraig ar derfyn y chwarae pan glyw 'sŵn trên yn y pellter, yn rhuthro trwy'r tywyllwch i rywle'. Rhwng ymatebion y Ferch a'r Hen Wraig y mae yna lein nad yw'r Gymraeg eto wedi'i theithio'n ddi-ofn. Nid llinell goll mohoni, llinell heb ei hagor ydyw, ac yn fy achos i, i Gwyn Briwnant Jones a'r gyfrol atyngar hon y mae'r diolch am beri i mi eto feddwl amdani – a hiraethu am drip arni ryw ddydd.

Yr Athro Hywel Teifi Edwards,
Llangennech, Ionawr 2000.

RHAGAIR

Tyfodd y syniad o gasglu cerddi a ysgogwyd gan reilffyrdd cynnar Cymru allan o ymchwil ar gyfer fy nghyfrolau yn Saesneg ar hanes y rheilffyrdd, megis *Railway Through Talerddig* a *Great Western Corris*. Yn ddiweddarach, wrth baratoi *The Vale of Neath Line*, darganfuwyd rhagor o benillion yn dathlu dyfodiad y lein. Cam bychan ar ôl hynny oedd parhau'r chwilota, a chysylltu llun neu ddau â'r penillion.

Erbyn heddiw mae llawer o'r cerddi a luniwyd i ddathlu dyfodiad y trên wedi diflannu o sylw ers canrif neu fwy, er i lawer o'r cledrau eu hunain oroesi. Ysywaeth, mae'r llinellau i gyd, yn gledrau a cherddi, wedi llwyr ddianc o'r golwg mewn enghreifftiau eraill.

Ni fwriedir yma gofnodi hanes manwl y gwahanol linellau na dadansoddi'r cerddi chwaith; mae pentwr o lyfrau ar gael eisoes yn ymwneud â'r agweddau arbennig hyn. Ni cheisir, felly, greu llyfryn ar gyfer arbenigwyr – boed hwy'n feirdd neu'n 'fois y lein' – ond, yn hytrach, ddwyn ynghyd ddwy agwedd sydd, efallai, yn gymdogion annisgwyl. Rhestrir y caneuon yn ôl dyddiad eu cyfansoddi, neu eu cyhoeddi, gan gynnwys dyrnaid o ganeuon cyfoes ar derfyn y gyfrol mewn cais i gydbwyso'r gynrychiolaeth rhwng de a gogledd.

Fe sylwir fod defnydd cyson wedi'i wneud, dros y blynyddoedd, o dermau Saesneg, fel trên, injan, lein, bocs signals a'r gair relwe ei hun; nid ymddiheurir am hyn gan iddynt fod ar lafar o'r dechrau ac maent yn fyw heddiw. Nid yw benthyca geirfa fel hyn yn unigryw i'r Cymro – rydym mewn cwmni da gan i'r Sais allforio geirfa'r rheilffordd dros y byd, yn ogystal â'r offer. Serch hynny, nid mater hawdd oedd penderfynu ar ffurf enwau'r cwmnïau ac ambell orsaf, er enghraifft, neu enwau sydd wedi eu Seisnigeiddio dros y blynyddoedd. Bu'r rheilffyrdd yn gyfrifol am gamweddau di-ri yn hyn o beth yn y gorffennol, ond erbyn heddiw mae llawer ohonynt wedi eu cywiro ac eraill yn dderbyniol gennym. Yn wir, er fod Barmouth Junction bellach yn cael ei adnabod fel Morfa Mawddach, mae hen enwau fel Strata Florida, Cemmes Road neu Llandudno Junction – enwau a fathwyd yn arbennig ar gyfer gofynion y lein – yn dal i adlewyrchu oes a fu. Fe'u defnyddir yma fel bo angen, ond braf yw meddwl petai'r rheilffordd yn cyrraedd Cymru heddiw am y tro cyntaf, y byddai geirfa Gymraeg arbennig yn datblygu'n naturiol ar ei chyfer.

Mae'r mwyafrif o'r canghennau yng Nghymru eisoes wedi diflannu. Dim ond adfeilion sydd ar ôl – ambell doriad yn y tir, efallai, neu hen bont – i'n hatgoffa o'r rhwydwaith eang a fu. Ymhlith yr hen ganghennau sy'n parhau ceir llinell arfordir y Cambrian a lein Calon Cymru. Mae'r ddwy wedi bod o dan fygythiad cyson dros y blynyddoedd ac mae'n rhaid gofalu na chollwn fwy o'r etifeddiaeth amhrisiadwy hon. Rydym yn ffodus y gall hen lun neu englyn ein cynorthwyo i hel atgofion am ddyddiau mawreddog y trên.

CYDNABYDDIAETH

Bu dyfodiad y lein yn chwyldroadol a hollbwysig i bob ardal, bron, yng Nghymru yn ystod y ganrif ddiwethaf, ond ni fu neb yn fwy eiddgar dros y drafnidiaeth newydd na thrigolion y Bala. Mae gennym le i ddiolch iddynt am adlewyrchu gobeithion eu hoes a'u hardal mewn ffordd mor gyfoethog. Y gobaith bellach yw fod mwy o farddoniaeth gynnar ar gael, heb ei ddarganfod hyd yma efallai, i gynrychioli ardaloedd eraill yng Nghymru.

Bu'r gwaith o gasglu yn dasg bleserus. Fe'i hwyluswyd drwy garedigrwydd llawer o gyfeillion, hen a newydd, ond derbyniais gymorth arbennig gan ffrindiau yn y Llyfrgell Genedlaethol, Aberystwyth ac, yn ogystal, yn Archifdai Gwynedd a Chlwyd. Rwyf hefyd yn ddyledus i Barddas, Gwasg Carreg Gwalch, Sain a Gwasg Aberystwyth (Gwasg Gomer bellach) am ganiatâd i ailgyhoeddi rhai o'r caneuon. Yn bennaf, rhaid cydnabod cymorth Elwyn Edwards, Ithel Rowlands, R.J. Rowlands ac Iwan Bryn Williams o'r Bala, ynghyd â H. Meurig Evans, Desmond Healy, Tecwyn Ifan a Bobi Jones a theulu'r diweddar Barchedig D. Gwyn Evans, a fu'n barod iawn naill ai i ganiatáu ailddefnydd o'u gwaith, neu i'm helpu i geisio cyd-bwyso cyfraniad de a gogledd.

Derbyniais, yn ogystal, gymorth gan y diweddar Brynmor Jones, Aberystwyth ac oddi wrth Edgar Rees, Llanelwy. Mynegaf fy niolch diffuant i'r Athro Hywel Teifi Edwards, nid yn unig am lunio'r Rhagymadrodd, ond hefyd am ei ddiddordeb calonogol yn y fenter.

Gwyn Briwnant Jones,
Caerdydd, Nadolig 1999.

BYRFODDAU

LlGC	Llyfrgell Genedlaethol Cymru
AD&MC	Amgueddfa Diwydiant a Môr Cymru
Casgliad GW	Casgliad Rheilffordd y Great Western
GBJ	Gwyn Briwnant Jones
ILN	*Illustrated London News*
GWR	Great Western Railway
RP	Rheilffyrdd Prydeinig
CHCN	Cymdeithas Hynafiaethau Castell-nedd

CYNNWYS

**Cân Newydd am y Cyfnewidiad a gymer le ar Drigolion y Byd,
trwy waith y Railroad newydd**

Holl Gymry mwyn caredig llon,
A phawb i gyd trwy'r byd o'r bron,
Mae gennyf gân na chlywsoch chwi
Erioed o'r gwell o'm genau i;
Mi ganes lawer cyn y nawr,
Fel proffwyd am y Railroad fawr,
Ond 'nawr mae'r Railroad wedi dod,
A'i gwaith yn amlwg is y rhod.

Mae llawer teulu 'nawr mi wn,
A'r gist yn swnio fel y drwm,
Ond eto i gyd na lwfrhewch,
Mae'r dydd yn dod ei llanw gewch;
Fe fydd y labrer bach cyn hir,
A'i ginio twym a'i dabl bir,
A'r aur yn singlan yn ei god,
Mae gwaith y Railroad wedi dod.

14.   I Gastell-nedd daw rhyfedd fraint,
Nis gallaf fi ddim dwedyd faint,
Fe red [y] tlodi ffwrdd o'r dre,
A llawnder llon ddaw yn ei le;
Bydd Abertawe cyn bo hir
Yn storio aur ac arian pur;
A thref Llanelli yn ddilai
Gaiff bob rhyw lawnder heb ddim trai.

Levi Gibbon

*Pan gyhoeddwyd Mesur yn y Senedd i ganiatáu rheilffordd ar draws de Cymru yn
1845, fe ysgrifennodd Levi Gibbon, Cwmfelin, sawl cân i glodfori'r bendithion a
ddisgwylid gyda dyfodiad y lein. Dyma'r ddau bennill agoriadol o un o'i ganeuon,
ynghyd â phennill 14. Agorwyd y lein hon ar 18 Mehefin 1850.*

Injan *Panther* yn pwyllo ym Mhen-y-bont ar Ogwr i gael torri ei syched, tua 1855.

(*Darlun acrilig gan GBJ, drwy ganiatâd AD&MC*)

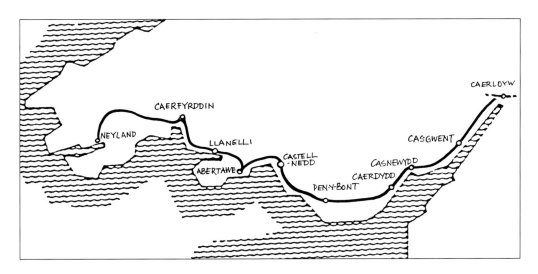

Rheilffordd Dyffryn Nedd I

Ni fydd dim llaeth gan wartheg mwyn
Daw'r twyni'n goch gan sychyn;
Y lloi yn feirw ar y waen
O ofn y train a'r injin.

– priodolwyd i hen was Ynysygerwyn.

Agorwyd Rheilffordd Dyffryn Nedd, rhwng Castell-nedd ac Aberdâr, ar 23 Medi 1851.

Trên glo yn nesáu at Gastell-nedd, gyda lein Rheilffordd De Cymru ar y bont yn y pellter.

(Cymdeithas Hynafiaethau Castell-nedd)

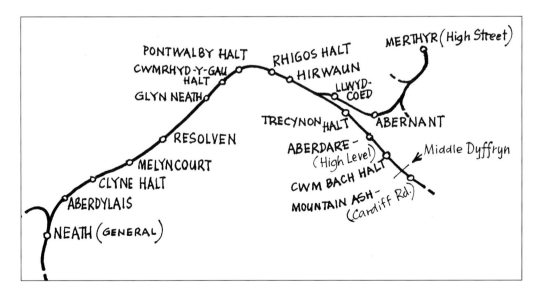

Rheilffordd De Cymru II

Holl drigolion de a dwyrain,
Dewch o bedwar cwr y ddaeren,
Chwi gewch gennyf rai newyddion,
Mwyn a melys i drigolion.

    Dyma dro ddaeth i'n bro,
    Pawb sy'n caru'r
    Railroad Newy'
    Dewch i weiddi Talihô.

Mae rhai cannoedd o wheelberi
Heblaw drams, mi fentraf weiddi,
'Nawr yn Castell-nedd yn barod,
Wedi dod at waith y Railroad.
    Dyma dro, etc.

Fe fûm agos i anghofio
Ferched Mathru heb eu rhifo,
Fe gaiff rheiny heb ddim trafael
Bob o gariad Ffair Wylhengel.
    Dyma dro, etc.

Hysbys yw i chwi a minnau,
Mod i wedi canu llyne',
Fod y Railroad fawr yn dyfod
Lawr trwy Gymru ryw ddiwrnod.
    Dyma dro, etc.

Os oes neb yn gallu ameu
Nad yw'r Railroad wedi dechreu
Fe all hwnnw mewn modd serchog
Gael ei gweled wrth Manachlog.
    Dyma dro, etc.

Wrth derfynu hyn o eiriau,
Nerth fy ngheg mi waedda innau,
A chyduned pawb trwy Gymru,
Ganu clod i'r Railroad Newy'.
    Dyma dro, etc.

Levi Gibbon, Cwmfelin

Pan ddechreuwyd ar y gwaith o godi'r South Wales Railway yn ardal Castell-nedd yn 1846, cyhoeddwyd cân arall gan Gibbon, gan ddefnyddio'r un teitl â'i gân wreiddiol flwyddyn yn gynharach ond, y tro hwn, o 36 pennill! Dyma'r ddau bennill agoriadol, gyda'r cytgan, ynghyd â phedwar pennill arall.

Injan arall a redai yn ne Cymru ar gledrau llydan yr enwog beiriannydd Isambard Kingdom Brunel oedd y *Victor Emanuel*, a enwyd ar ôl brenin yr Eidal. Fe'i portreadwyd yma yng Nghasnewydd, tua 1865, ond yn 1878 fe'i gwerthwyd i bwll glo yr Avon ym Mlaengwynfi.

(AD&MC)

Llun yw hwn a grewyd yn arbennig ar gyfer dathlu Canmlwyddiant y GWR yn 1935, ond mae'n ddigon addas i bortreadu agor Rheilffordd De Cymru rhwng Cas-gwent ac Abertawe yn 1850.

(AD&MC/Casgliad GW)

17

Rheilffordd Dyffryn Nedd II

Rhyfeddod, rhyfeddod ar waelod Cwm Nedd
Yw gweled cerbydau mor wyched eu gwedd;
Y gwylwyr sy'n gwylio, gan siarad yn drwm,
A dweud wrth ei gilydd, 'Fath sŵn sy'n y Cwm!'

Rees Griffith (Rhys Bensingrug)

Teg yw nodi'r posibilrwydd, efallai, i bennill Rhys Bensingrug gael dylanwad ar Dewi Havhesp cyn iddo ysgrifennu Y Trên o'r Bala i Ffestiniog, *tua 1882.*

Trên cymysg, o'r cyfnod cynnar, yn croesi Pontwalby ger Glyn-nedd.

Darlun o fodel yng nghasgliad Amgueddfa Diwydiant a Môr Cymru o drên o 'gerbydau mor wyched eu gwedd' a redai ar Reilffordd Dyffryn Nedd yn y blynyddoedd cynnar.

CAN Y REILFFORDD,

A GYFANSODDWYD AR GYFER DYDD GWYL CYMDEITHAS GYFEILLGAR
MACHYNLLETH, MAWRTH 2, 1857.

GAN RICHARD JONES, DILLEDYDD, MACHYNLLETH.

" TORF a cherbydau'n tyrfu,—heibio'n myn'd
Heb un march i'w tynu;
Ager yn dod o gorn du—
Annwn megys yn mygu."—CALEDFRYN.

Rho'wn heddyw gan yn llon i gyd,
Er ymlid draw drafferthion byd ;
Boed ini gyd-fwynhau mewn hedd,
Y flwyddyn hon ein diwrnod gwledd.

Arwyddair ein Cymdeithas ni
Yw *Cariad Brawdol* uchel fri :
Rho'wn law mewn llaw i'w gwasgu'n dyn,
Mae ein rheolau'n gofyn hyn.

Y rhosyn hwn arogla'n ber
P'le bynag fyddo dan y ser :
I'w feithrin boed i ninau'i gyd
Gael mynwes gynes iddo o byd.

Prif bwnc y dydd oddeutu'n awr,
Mewn tref a gwlad yw'r *Railway* fawr:
Mae gobaith cryf cawn fyn'd yn rhad
I wel'd y Sais a'i hyfryd wlad.

Cawn fyn'd i Lundain ar ein hynt
Heb *gost* ond pymtheg swllt neu bunt :
Yn awr, rhaid talu dwy neu dair,
Yn mron am fyn'd i Lanbrynmair.

Lni y dosbarth gwoithiol bydd
Yn fantais ddirfawr yn ein dydd ;
Cawn nwyddau'n rhad o Loegr draw
Heb dreuliau mawrion *yr ail law.*

Y glo a gawn yn ail i'w le,
Bydd hyn yn fendith fawr i'n tre' :
Mae defnydd tan y dyddiau hyn
Yn nhy'r tylawd yn hynod brin.

Bydd tref Machynlleth cyn bo hir,
Yr 'harddaf fan o fewn y tir ;
Yn ddiau cawn ar fyr o dro
Wel'd agwedd arall ar ein bro.

Adfywia masnach yn ein tref,—
Mae hyny yn anogaeth gref
I bawb sy' a gallu, i wneyd eu rhan,
Er cael y Peiriant gwyllt i'r fan.

Ond, henffych well ! y *Railway* ddaw,
A llawnder helaeth i bob llaw,
O bobpeth all gysuro dyn :
Ni welir neb yn wael ei lun.

Bydd gwaith i grefftwyr o bob rhyw ;
Bydd pawb mewn llawnder gwych yn byw ;
Y *crydd* a'r *teiliwr* fydd bryd hyn
A chwpwrdd llawn a phoced dyn.

Y *gweydd* a r *panwr* fydd byw'n llon,
Heb dristwch prudd yn llenwi'r fron ;
Y *Railway* ddav a chludiad rhad :
Hi a a'r wlanen i bob gwlad.

Bydd *saeri meini'r* dref i gyd,
Am hon yn dweyd mai gwyn eu byd ;

A'r *saeri coed* fydd mewn llawn gwaith,
Daw'n amser braf heb fod yn faith.

Holl *Siopau'r* dref a fyddant lawn,
O'r bore gwyn hyd hwyr brydnawn ;
Bydd *Ladies* hardd o Loegr draw
Am *goods* ein bro, os *Railway* ddaw.

Ein llety-dai fydd llawn i gyd,
O ddynion o bob parth o'r byd ;
Y dref fydd oll, a dweyd mewn gair,
Yn fyw bob dydd fel diwrnod ffair.

Yr agerdd Beiriant rydd leshad,
I'r *lab'rers* oll, trwy'r dref a'r wlad ;
Cant waith yn rhwydd a chyflog da,
Y gauaf du fel hirddydd ha.'

Pob *ffermwr* drwy ein bro cyn hir,
Gaiff galch yn rhad i wella'i dir ;
Ac felly dylent yn ddiffael,
Fyn'd i'r hen *wrs a rhoddi'n hael.

Cant hwy a'u heiddo fyn'd yn rhad,
I'r man y mynont drwy'r holl wlad ;
A dod yn ol 'r un dydd o'r mis,
Heb achos colli dafn o chwys.

Y *mwynwyr* oll o'ch tyllau dowch,
Eich cymorth 'nawr i'r *Railway* rho'wch ;
Mae cludo'r mwyn yn rhad i bell,
I roi i chwithau gyflog gwell.

Rho'wn glod yn awr, Hwra ! Hwra !
I bwy, medd un ?—i HYWEL DDA :
Bu'n ddewr ymdrechu nos a dydd,
Heb ddim i'w gynal ond ei ffydd.

Bendithion fyrdd fo ar ei ben,
Pob ceffyl *coach* a dd'wed *Amen* ;
Dymuna pawb drwy'r dref a'r wlad,
Fod iddo blant fel byddo'n dad.

Boed iddo ef a MORGAN wiw,
Bob llwydd tra yn y byd yn byw ;
Dymunwn wel'd y ddau 'run wedd
A phawb ei wraig cyn myn'd i'w bedd.

Boed llwyddiant i'r boneddwyr oll
Sy'n dod yn mlaen heb un ar goll,
I wneyd eu rhan ar hyn o bryd
I'r *Railway* ddysgwyliasom cy'd.

Mae llawer wedi rhoddi'n hael,
I'r *hanner canmil* sydd ar gael ;
gweddill wneir heb fod yn faith—
Mae'r *merched* wedi dechreu'u gwaith.

Pob llwyddiant iddi dd'od cyn hir,
Yw llais ein gwlad mewn adsain clir ;
Wrth dewi, hyn a'm blina'n dost—
Nas gallaf gym'ryd rhan o'r *gost*.

EVANS, ARGRAFFYDD, MACHYNLLETH.

(LIGC)

Seremoni agor y lein ym Machynlleth, 3 Ionawr 1863

(*ILN*)

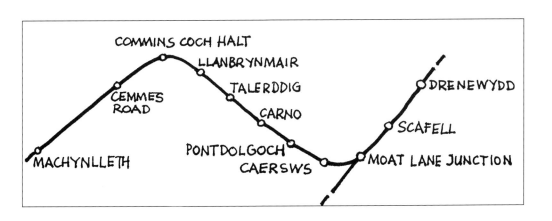

Rheilffordd Dyffryn Clwyd

Dros ei oes, heb goes, heb garn – a'i lanwaith
    Olwynion haearn;
  March ydyw, mawr a chadarn,
  A'i ddiwedd fydd Dydd y Farn.

                                           Anhysbys

Ymddangosodd yr uchod am y tro cyntaf ar faner yn Ninbych, ar achlysur Torri'r Dywarchen Gyntaf lein Dyffryn Clwyd yn 1857, ac am yr eildro, pan agorwyd lein Y Drefnewydd a Machynlleth yn 1863.

Gorsaf fawreddog Dinbych, tua throad yr ugeinfed ganrif.

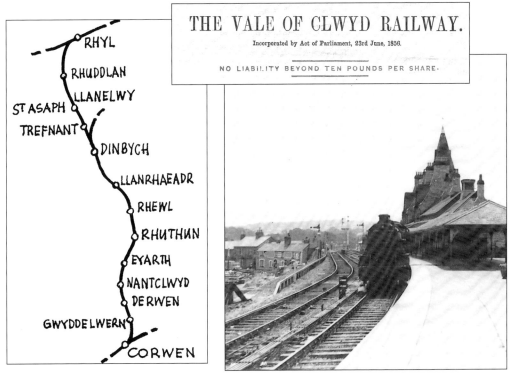

THE VALE OF CLWYD RAILWAY.

Incorporated by Act of Parliament, 23rd June, 1856.

NO LIABILITY BEYOND TEN POUNDS PER SHARE.

RHYL
RHUDDLAN
LLANELWY
ST ASAPH
TREFNANT
DINBYCH
LLANRHAEADR
RHEWL
RHUTHUN
EYARTH
NANTCLWYD
DERWEN
GWYDDELWERN
CORWEN

Injan LMS Dosbarth 5, yn hen orsaf Rheilffordd Dyffryn Clwyd yn Ninbych, yn 1959.

David Davies

Englynion buddugol yn Eisteddfod Llawryglyn, Mai 14 1860, i
DAVID DAVIES Ysw., GWERNERIN

Medrus englynion mydraf – i dalent
   Cân deilwng a dalaf;
  Nid oes yn Brydain gain gaf
  Un o fil fel hwn folaf.

Ei feddwl mewn gweithred faedda – y graig,
   Er mor gref fe'i chwala;
  Ei chalon a ddymchwela; –
  Milain fwyn, ymlaen fe â.

Bryniau i'r cymau ceimion – a dafla
   Y diflin ŵr eon;
  Egyr fry trwy gwr y fron
  Ffordd hwylus, – cledrffordd hylon.

Yr ager a ddyrwyga – a'i suad
   Las awyr gwyllt Walia;
  Gwir glod y gŵr a gluda,
  Mewn rhwysg i bob man yr â.

Sylwch ar Davies haelwedd – yn esgyn
   Ysgol fawr anrhydedd;
  Heibio i enw ein bonedd
  Ehed ei fawl hyd ei fedd.

Gem ar fron hen Gymru freiniol – yw hwn, –
   Hynod o wladgarol;
  Cluda i ni'r clod yn ôl
  Trwy'i weithiau anturiaethol.

'Nicola'

Dafydd Dafis a'i hoff gi,
Midge, ar drothwy'r plasty,
Broneirion, a adeiladwyd o elw
ei fenter ym mhyllau glo y
Rhondda.
(Casgliad GBJ)

Gorsaf fechan Dafydd Dafis yn Llandinam, ym mis Ebrill 1962, ychydig fisoedd cyn ei chau ar ddiwrnod olaf Rhagfyr 1962. Yma, fe welir y trên 1.10 pm o Aberhonddu yn rhedeg i mewn i'r unig lwyfan, un cam o derfyn ei daith yng Nghyffordd Moat Lane.

(H.B. Priestly, o gasgliad GBJ)

Digllonedd Pobl y Bala – cyn sefydlu
Rheilffordd Corwen a Bala yn 1862

'Rugeinfed nos o Ebrill
Am hyn boed cofio hir
Pan losgwyd y bwch gafar[1]
Ynghyd â'i flew yn wir;
Y bwchyn oedd yn gwingo
Pan welodd liw y tân,
Ond ow fe syrthiodd iddo
Ac aeth yn ulw mân.

Roedd 'Jack-of-all-trades'[2] yn trotian
Pan glywodd dwrw'r tân,
Ond och fe syrthiodd yntau
A llosgwyd oll yn lân,
Gwell fuasai i Jac druan
Draw hitio'i ben â gordd
Na bod yn Jiwdas fradwr
I'w frodyr efo'r ffordd.

Wel dacw Mot[3] yn rhedeg
Hei rŵan daliwch o
A thaflwch ynte i'r eirias
I rostio megis llo.
Gwell fuasai i Motyn druan
I gadw draw o'r dre
Na myned gyda'r Gacen[4]
I'r eirias boeth ei lle.

Sion Ifan, Y Castell

Ymysg papurau John Castell Evans (y gwyddonydd cydnabyddedig yn Llundain ganol y bedwaredd ganrif ar bymtheg, a fagwyd yn Y Castell, Llanuwchllyn) mae'r hanesyn hwn am ddod â rheilffordd i'r Bala:–

Yng ngwanwyn y flwyddyn 18—[5] ffurfiwyd cwmni annibynnol i wneud cledr-ffordd o Gorwen i'r Bala. Trodd y cynllun yn fethiant trwy wrthwynebiant Torïaid ac eraill, ac ar ol i'r Bill [sic] gael ei daflu allan darfu i rai o bobl y Bala ddangos eu digllonedd at wrthwynebwyr y cwmni trwy wneud lluniau o wellt a'u llosgi ar heol y Bala. Trannoeth ar ôl y llosgfa yr oedd fy nhad[6] yn y dref yn cyrchu meddyginiaeth i mi, a chyfansoddodd y rhigwm canlynol.

[1]Y Bwch Gafar – W.P. Jones, Bodwenni.
[2]'Jack-of-all-trades' – David Jones, Siopwr, gynt o Landderfel.
[3]Mot – Isaac Gilbertson, Eryl Aran.
[4]Y Gacen – Ni wyddys at bwy y cyfeirir yma.

[5]Tua 1860.
[6]Ei dad oedd Sion Ifan Y Castell, Bedyddiwr selog ac aelod yng Nghapel Ainon, Llanuwchllyn, yntau hefyd yn dipyn o rigymwr.

Cyffordd y Bala, yn edrych tua Chorwen. Mae trên y Blaenau ar y chwith.

(*Lens of Sutton*)

Injan danc Rhif 9669 yn ailgychwyn trên 4.00 pm o Riwabon i'r Bermo, o orsaf Llandderfel ar 1 Awst 1962.

(*H.B. Priestley/Casgliad GBJ*)

Pont Llangollen

Trwy'r hen Benclawdd
  Yr altrwyd pont Llangollen;
Ei thynnu i lawr,
  A'i gwneud 'nôl drachefn.
Nid mawrhau yr hen oedd yr amcan
  Ond creu hwylustod i'r trên.

Anhysbys

Agorwyd y Vale of Llangollen Railway i nwyddau yn 1861 ac i deithwyr yn 1862. Caewyd y lein i deithwyr yn 1964 ac yn gyfan gwbl yn 1968. Ailagorwyd gorsaf Llangollen yn 1975.

Pont Llangollen, wedi ei haltro gan Robertson, tua 1888. Noder yr ymgais i addurno bwa pont y lein trwy godi tŵr ffug yr ochr draw iddi.

Cynllun o swyddfa Henry Robertson, peiriannydd y Vale of Llangollen Railway (tua 1862) i gario'r lein dros hen bont y dref, gan geisio manteisio ar y cyfle ar yr un pryd i'w lledu drwy godi pont newydd ochr yn ochr â'r gwreiddiol.

Ni fabwysiadwyd y cynllun, a bu'n rhaid i'r bont gul barhau heb welliant tan 1956 pryd y'i gwnaed fel y mae heddiw. Adeiladodd Robertson dŵr ffug ger bwa'r lein, mewn ymdrech i wella golwg y darn newydd; bu'n rhaid i hwn gael ei chwalu pan ledwyd y bont yn 1956. Er nad oes llofnod ar y cynllun, mae'n bosib mai gwaith T.R. Penson, pensaer o Groesoswallt, sydd yma.

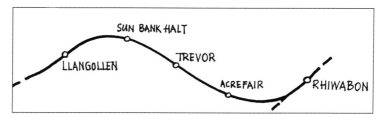

Dyffryn Afan I

Wel dyma ginio dedwydd
Cyn dechreu Railway newydd.
Mae yma arian yn ystôr
I'w gwneud o fôr i fynydd.

William Rees y Pandy (Llawysgrif Talnant)

Agorwyd yr SWMR o Lansawel (Morgannwg) i Lyncorrwg – ychydig dros ddeuddeg milltir o daith – yn 1863. Fe'i cynlluniwyd gan Isambard Kingdom Brunel, gyda lled o saith troedfedd rhwng y cledrau, ond fe'i troswyd yn lein o led safonol yn 1872. Canwyd y pennill uchod yn ystod y cinio i lansio'r fenter.

Y wagen gyntaf o lo o Bwll Glyncorrwg, 1906.

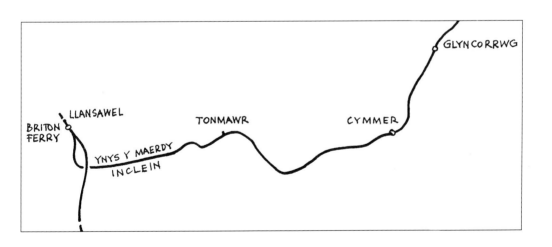

Dyffryn Afan II

Mawr yw'r canmol, mawr yw'r canu
Am fod relwe trwy Gwmpandy:
Tros y dibyn, heibio'r efail
Twrio'r mynydd yn ei gesail
Hardd yw clod y bachgen gwisgi
Sy'n cario coron wych Lord Jersey
Bydd pob gweithiwr o hyn allan
A'i bwrs yn llawn o aur ac arian.

Llawysgrif Penrhiw Rh. 3

---

*Yn ôl pob golwg, ysgrifennwyd y darn uchod ar ôl agor y lein. Ceir y pennill hwn,
ynghyd â'r un blaenorol, ar dud. 19 o gyfrol Clive Smith* Bygone Railways of the Afan,
(Llyfrau Alun, 1982).

Injan danc y *South Wales Mineral Railway*, a rhai o weithwyr y lein yn mwynhau seibiant yng Nglyncorrwg tua 1910.

Trên arbennig i deithwyr yn agosáu at hen lwyfan Cymer Corrwg, ar ei ffordd i Lyncorrwg. Mehefin 1960.

Y Brodyr Savin

Hir oes a llwydd i'r ddau frawd Savin – dichon
   Iôr fo byth i'w dilyn;
  A phan ddaw terfyn i'w hoes frau,
  Y nefoedd fyddo cartre'r ddau.

Dau gyfaill cu, dau Gymro mad, – wnânt
   Les i bawb drwy'r dre a'r wlad;
  Dewch wreng a bonedd, yn ddi-ffael
  I barchu y Boneddigion hael.

Anhysbys

Thomas a John Savin oedd y ddau frawd, a Thomas oedd y mwyaf blaenllaw o'r ddau. Bu'n cadw siop yng Nghroesoswallt yn wreiddiol, cyn cael ei gynhyrfu gan y syniad o wneud arian drwy godi rheilffyrdd. Bu cynllunio ac adeiladu enfawr ar sawl lein ledled canolbarth Cymru tua chanol y bedwaredd ganrif ar bymtheg a bu Thomas yn gweithredu'n llwyddiannus yn y maes newydd, anghyfarwydd hwn, yn enwedig pan luniodd bartneriaeth â Dafydd Dafis, Llandinam. Ond roedd Savin yn or-fentrus ym marn Dafis Llandinam ac fe beidiodd y bartneriaeth; aeth Dafydd Dafis ymlaen i wneud ei ffortiwn yn y Rhondda tra methodd Savin oherwydd prinder arian parod – esiampl gynnar o ddiffyg llif arian.

Cyhoeddwyd y penillion ym mhapur newydd yr Oswestry & Border Counties Advertizer, *27 Gorffennaf 1864, i ddathlu agoriad yr Aberystwyth & Welsh Coast Railway yn Aberystwyth ar 23 Mehefin 1864.*

John Savin. *(Story of the Cambrian)*

Thomas Savin. *(AD&MC)*

Er nad oes rheilffordd bellach dros bont uchel Cefn Coed y Cymer, ger Merthyr, mae enw Savin wedi goroesi ac i'w weld yn glir ar ochr ddwyreiniol y bont. Gorffennaf 1977.

(Dewi Bowen)

Manchester & Milford Railway.

CAN NEWYDD,

SEF

Taith gyda'r Railway

O

BENFRO I STRATA FLORIDA

Yng nghyd ag ychydig sylwadau ar y Gwaith
oddi yno i Aberystwyth.

Ar y Don Fechan,

Pwff, pwff mae'r Train yn starto,
Yn y boreu o Sir Benyfro ;
Dyma gyfle am Manchester
Neu unrhyw ran o Gymru a Lloeger.

Canwn glod gymru glan
Canwn glod gymru glan,
Nawr i'r dynion gwych a dewrion
Am wneyd ffordd i'r Ceffyl Tan.

Dyma ni wrth Orsaf Tenby,
Pasio Whitland gyda hyny,
I Saint Clears, a Bankyfelyn
Dyma ni yn nhre Caerfyrddyn.
Canwn glod, &c.

Llwyddiant fyddo i'r ddau Contractor,
Am roi railen lawr yn rhagor;
Narrow Gauge[1] nawr sy'n gweithio
Glo a Chalch a ddaw'n fwy cryno.
> Canwn glod oll yn glyd
> Canwn glod oll yn glyd
> Nawr i Davies ac i Beeston,[2]
> Duff, a'r gweithwyr dewr i gyd.

Nawr am Fronwydd ac i Gynwil,
Dyma bwffan mae'r hen geffyl
Trwy Lanpumpsaint ar ei drafael
Mewn ac allan trwy y *Tunel*. [*sic*]
> Canwn glod, &c.

Dyma orsaf Penycader,
Dyma bobloedd luoedd lawer
Dacw'r *Junction*, dacw'r *Tunel*
Crossin fach, a Llanfihangel.
> Canwn glod, &c,

Dyma Station Maesycrugiau,
Man lle bûm i gynt yn chwarau;
Awn ymlaen trwy blwyf Llanllwni
Awel iach sy'n nyffryn Teifi.
> Canwn glod, &c.

Dyma ni yn Llanybyther,
Lle bûm ganwaith wrth fy mhleser,
Yn y *Train* rwy'n mynd i ganu,
Dewch ymlaen yn awr i brynu.
> Canwn glod, &c.

Ar i fyny rhaid im fyned,
Dros yr afon tua Llanbed;
Mewn lle hardd mae'r Orsaf hynny,
O'r naill-du i Goleg Dewi.
> Canwn glod, &c.

Tua'r Betws awn yn union
Dacw dŷ Contractor Beeston
Awn i Lanio ar ryw garlam
Heb gael *Pint* yn tŷ Lord Brougham.
> Canwn glod, &c.

I Dregaron awn oddi yno,
Lle cawn dân o fawn i dwymo;
Rhai o'r dref sydd yma'n dyfod,
I gael prynu Cân y Railroad.
> Canwn glod, &c.

Strata Florida yw'r nesaf,
Yn y fan mi a ddisgynnaf,
Af ymlaen i ganu ychydig
I drigolion Ystradmeurig.
> Canwn glod, &c.

Gwŷr ag arian ânt yn esmwyth
Gyda'r *coach* i Aberystwyth,
Mhen ychydig amser etto, [*sic*]
Am y gân caf innau 'nghario.
> Canwn glod, &c.

Maent yn gweithio gyda eu gilydd,
Trwy y Creigiau crog a'r coedydd
Tynygraig mae Tunel bychan
A lle hyll 'rôl dyfod allan.
> Canwn glod, &c.

Yn y blaen mae lle mwy hawddgar
Ar hyd ddyffryn bach Llanilar,
Ond mhen awr neu ddwy gwna'r afon
'Speilo mis o waith y dynion.[3]
> Canwn glod, &c.

Rhaid yw rhoddi afon Ystwyth
Mewn rhyw wely newydd esmwyth,
Yn lle torri gwaith cadarnwedd,
Sydd yn uno de a gogledd.
> Canwn glod, &c.

Newidwyd cwrs yr afon i gyd-redeg ochr yn ochr â'r lein ger Llanilar ac o bryd i'w gilydd byddai'n rhaid glanhau gwely Afon Ystwyth gan weithwyr y *'permanent way'*. Llun tua 1898; injan *Aberystwyth*.

(LlGC)

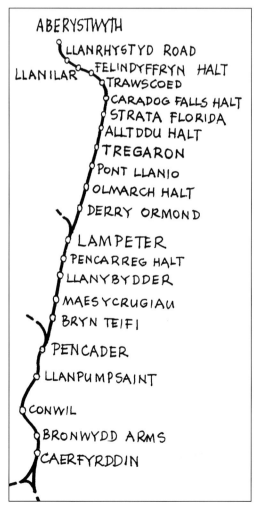

Er yr holl gynlluniau mawreddog ni lwyddodd cwmni y Manchester & Milford i gyrraedd na Manceinion nac Aberdaugleddau erioed. Yn ddi-os, yr anhawster mwyaf oedd croesi gwar Pumlumon rhwng Ystrad Fflur (trwy Gwm Myherin a Llangurig) a Llanidloes, i gyrraedd llinell y Cambrian i'r gogledd. Bu'n rhaid cwtogi'r cynllun ac yn y diwedd ni redodd yr M&M ond rhwng Pencader ac Aberystwyth.

Er y gwendidau amlwg mae'r Gân Newydd yn adlewyrchu naws y cyfnod, yn ogystal â'r ffaith mai dim ond i Strata Florida y rhedai'r trên ar y pryd – hefyd, mae o leiaf un pennill ar goll, felly ofnir nad yw'r gân gyflawn yma.

[1]*Narrow Gauge*. Cyfeiriad sydd yma, yn chwedegau'r bedwaredd ganrif ar bymtheg, at fesur o 4 troedfedd 8 modfedd a hanner, mesur a ystyrid yn 'gul' y pryd hynny o'i gymharu â'r *Broad Gauge*, lle roedd mesur o saith troedfedd rhwng y cledrau. Erbyn heddiw, mae'r term *Narrow Gauge* yn fwy tebygol o gyfeirio at unrhyw led llai na'r mesur safonol.

[2]Davies, Beeston a Duff oedd yr ymgymerwyr, gyda Davies, sef yr enwog Dafydd Dafis Llandinam, yn un o gewri'r rheilffyrdd yng Nghymru.

[3]Ailadroddwyd y digwyddiad hwn ar derfyn oes y lein, yn 1964, pryd y rhwygwyd y cledrau ger Llanilar am y tro olaf, a bu'n rhaid rhedeg gwasanaeth Crosville rhwng Aberystwyth a Strata Florida. Daeth cludiant teithwyr i ben ar 22 Chwefror 1965.

Trên arbennig o swyddogion a pheirianwyr y *Manchester & Milford* yn cael seibiant yn Strata Florida. Ar wahân i enw'r injan, sef *Plynlimmon (sic)*, nid oes fawr o wybodaeth am y trên ond fe all fod arolwg wedi digwydd tua 1906, pryd y cymerwyd y lein drosodd gan y GWR.

(AD&MC)

Gorsaf Pencader, gydag injan Rhif 7826 *Longworth Manor* ar y dde, yn tynnu'r trên o Aberystwyth i Gaerfyrddin. Llun tua 1960.

(Lens of Sutton)

Rheilffordd Dyffryn Tanat I

I'r farchnad yn 'Rhaead y rhed – o Benanlliw
   Ac o Benllyn y cydred;
   A thros warau creigiau cred
Daw'r weryn 'da'r march tân i waered.

Anhysbys

Dros y blynyddoedd, bu hanner dwsin o wahanol gynlluniau i gario lein ar hyd Dyffryn Tanat – nid er lles y trigolion lleol ond gyda'r bwriad gwreiddiol o gysylltu Lloegr a'r Iwerddon. Cynigiwyd y cynllun cyntaf yn 1845 gyda'r bwriad o dwnelu o dan y Berwyn i gyrraedd y Bala, cyn bwrw 'mlaen am Borthmadog a Phorthdinllaen; does ryfedd na ddaeth dim ohono. Yna, codwyd menter debyg o dan nawdd y mawreddog West Midlands, Shrewsbury & Coast of Wales Railway yn 1860, ond ni chafodd hon lwyddiant chwaith.

Mae'n bur debyg fod yr englyn uchod, gyda'i gyfeiriad at wŷr Penllyn a Phenantlliw yn dod yn hwylus (drwy'r twnnel enfawr) i farchnad Llanrhaeadr-ym-mochnant, yn dyddio o 1864, pan ddaeth y Potteries, Shrewsbury & North Wales Railway i'r amlwg gyda chynllun newydd arall. Methu wnaeth y fenter hon hefyd, ond nid cyn ysbrydoli'r bardd i lunio'r ddau bennill a ganlyn.

Trên Llangynog yn aros ym Mhen-y-bont-fawr, tua 1904.

(Casgliad GBJ)

Trên yng ngorsaf
Llangynog, yn
barod i ddychwelyd
i Groesoswallt, tua
1937.

(Casgliad GBJ)

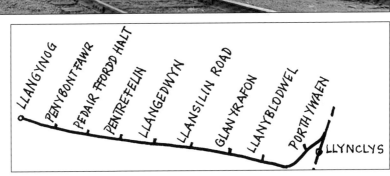

Rheilffordd Dyffryn Tanat II

Y ddel gerbydres welir – yn rhedeg
  Ar hyd ein dyffryn-dir,
  Ac yn gynt ar ei hynt hir
  Y fellten ni theithia filltir.

O ganol tre Llangynog – am naw
  Cychwyn wneir yn dalog,
  Fe'n ceir cyn tri'n fwy gwisgi na'r gog,
  A hoenus yn Llundain enwog.

Anhysbys

Bu'n rhaid i drigolion yr ardal fod yn amyneddgar hyd at 1904, pryd yr agorwyd 'Light Railway' i gysylltu Llangynog a Phorthywaen (14 milltir i ffwrdd, lle y bu lein er 1861) er i'r englynion uchod gael eu llunio mor gynnar ag 1864.

Yn llonydd yn Llangynog: injan dwt Rhif 1197 yn cael sylw gan y dreifar, 18 Mehefin 1938.

(Ifor Higgon)

Injan Rhif 1197 eto, ar ôl gadael Cyffordd Llynclys, ar ei ffordd o Groesoswallt i Langynog.

(Ifor Higgon)

Y nos Fawrth diwethaf yng nghanol y nos
Bu planio go ddygn trwy weirglodd a rhos,
Wrth feddwl am relwe go dda gyda hyn
I fynd i Drawsfynydd o Lanuwchyllyn.

Cytgan:
Y relwe o hyd, y relwe o hyd
Yw tribwn trigolion Penantlliw i gyd.

Mae Bob Buarthmeini bron myned o'i go
O eisiau cael stesion yn glòs i'w dŷ o,
A phobl Blaenlliwiau sy'n dweud yn bur siŵr
Mai gwell fyddai stesion ynghwr y Chwe-gŵr.

Mae rhai am roi stesion yng ngwaelod Bryn-bras,
Sef Huwcyn Tŷ-cerrig a Nedi a Gras,
A Hywel Tancastell sydd 'run farn â hwy
Fe fyddai yn handi i fynd i'r Tŷ-mwy.

Mae Holt Glan yr afon ac Ifan Tŷ Coch
A'r hen Ddafydd Parri yn uchel ei gloch,
A gwraig Hafod Bibell sy'n dweud yn o siŵr
Can gwell fyddai stesion wrth 'rhen olwyn ddŵr.

Mae'r hen Ddafydd William yn dweud nerth ei ben
'Well done, yr hen Fari, mi'th blediaf i'r pen,
Peth ffeind ydyw stesion yn ymyl y tŷ,'
'A minnau'n groes hollol,' meddai Siân o'r Tŷ Du.

Mae sôn am roi Hywel a Jac Craig-y-tân
Yn ddau injan dreifar i dendio y tân,
Gael iddynt gael myned i'r Llan lawer gwaith
A'u cario bob modfedd trwy droeon y daith.

Mae pobl y topiau wrth feddwl am 'guard'
Yn gweled Bob Roberts yn fachgen go smart;
Maent hwy yn ei frolio ei fod yn un cry'
I dendio y 'luggage' a'r hen dacle hy.

Codwyd gobeithion llawer o drigolion cefn gwlad Cymru gan amcanion i godi lein i'w hardal: dyma ymateb un bardd anhysbys i gynllun i godi lein o Lanuwchllyn drwy Benantlliw i gyfeiriad Trawsfynydd a Ffestiniog. Mae'n amlwg na chafodd y syniad gefnogaeth ond petai'r lein hon wedi ei hadeiladu fe fuasai, o leiaf, wedi osgoi y boddi yn Nhryweryn.

Injan danc y GWR yng ngorsaf y Traws, gyda thrên nwyddau, cyn cychwyn am y Bala, tua 1910.

(*Lens of Sutton*)

Ni fu'n bosib sefydlu lein o Lanuwchllyn i Drawsfynydd. Dyma drên ar ei ffordd i Frongoch, Cwm Prysor a'r Blaenau, ar ôl madael â gorsaf tref y Bala. Petai'r lein wedi goroesi, mae'n siŵr y byddai'r arwydd yn ddwyieithog erbyn heddiw. 3 Mawrth 1959.

(*J.A. Peden*)

Gwynfyd y 'Gethwr yn 1865

Mae'r Railway wedi ei hagor,
 Diolch byth,
Dim cerdded byth yn rhagor,
 Diolch byth;
Ffarwel i chwyrn garlamu
Y merlyn mwyaf heini;
Ni chofiaf 'Dou' ond hynny,
 Diolch byth,
Yn wir 'rwyf wedi synnu
 Diolch byth.

Dim eisiau *umbarela*
 Yn y train,
Dim bother efo'i gario
 Yn y train;
Caf werthu fy holl fufflers
A thaflu'm nickerbokers
'Does neb yn baeddu'i drowsers
 Yn y train;
Good bye am byth i'r Cankers
 Yn y train.

Caf fynd i'm cyhoeddiadau
 Efo train,
Mewn 'chydig o funudau
 Efo'r train,
Dim byd ond eisiau tocyn –
I ffwrdd â finnau wedyn,
A chyda'm bod yn cychwyn
 Efo'r train
Ym mhen fy nhaith er's meitin
 Yn y train.

'Dwy ddim yn cael aros digon
 Yn y train;
O! na bawn oriau hirion
 Yn y train.
Cyhoeddiad yn Nghaernarfon,
Neu Lerpwl, neu Gaerlleon,
F'ase wrth fodd fy nghalon
 Yn y train,
Mae'r daith ar ben yn union,
 Yn y train.

Cawn fynd i'r C'farfod Misol
 Yn y train,
A chadw cwrdd blaenorol
 Yn y train,
Nyni yn penderfynu –
Yr injan fawr yn chwyrnu
''Rhen Gorph' yn cael ei dynnu
 Yn y train,
A'r wlad i gyd yn synnu
 At y train.

Dim cerdded drwy yr eira
 Yn y train,
Na gwlychu ein hosanau
 Yn y train;
Dim llusgo a dim hopian
Ar ôl cyfeillion buan
Nac aros drwy'r nos allan
 Yn y train;
'Ro'f her i bawb yrŵan
 Yn y train.

I Williams, Castelldeudraeth,
　　Boed y clod,
Fe weithiodd ef yn odiaeth,
　　Caiff y clod:
Mae'n haeddu cynrychioli
Y byd i gyd a Chymru;
Fe haeddai ei goroni,
　　Am y train.
I ffwrdd ag ef i fyny
　　Yn y train.

O dear, beth ddeda'i eto
　　Am y train;
Y testun hwn 'rwy'n leicio
　　O! y train;
Y dydd caf edrych arno
A mynd yn aml iddo
Y nos breuddwydio amdano
　　O! y train.
O! na bae'm cartref yno
　　Yn y train.

Y Parchedig David Jones, Llanbedr

Agorwyd Rheilffordd Aberystwyth ac Arfordir Cymru yn gyflawn rhwng Machynlleth, Aberystwyth a Phwllheli erbyn 1867.

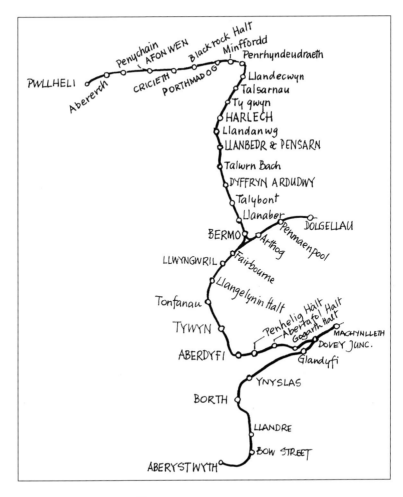

Parti o deithwyr yn disgwyl am y trên ym Minffordd, tua 1880. Mae'r seidings ar y chwith yn cysylltu â Rheilffordd Ffestiniog.

(*LlGC*)

Llanerchydol, yn y dyddiau cynnar tua 1885, yng ngorsaf y Bermo.

(*Locomotive Publishing Co.*)

Golygfa o'r ffordd fawr rhwng Arthog a Llwyngwril, uwchben y lein ar glogwyn y Friog, Medi 1960.

(GBJ)

Trigolion Meirionnydd sy'n uchel eu rhoch
Bob nos yn ymdaeru hyd ddeuddeg o'r gloch,
Y pwnc ydyw'r Railway, a pha fodd y daw,
Dywed un y ffordd yma, ac arall ffordd draw.

Cytgan:
Y relwe o hyd, y relwe o hyd,
Yw prif bwnc trigolion gwlad Meirion i gyd.

Ffarwel am y cryddion, wneir dim â hwynt hwy,
Ni bydd eisiau clocsen nac esgid byth mwy,
Mae hen wragedd Penllyn yn siarad yn chwim
Gan dyngu'n ddifrifol na cherddent hwy ddim.

Roedd Twm Siôn y Potiwr yn sôn rhyw ddydd Sul
Y mynnai gael gwerthu y merlyn a'r mul;
Ni bydd eisiau merlod na mulod byth mwy
Can's gwell ydyw relwe na chant 'honynt hwy.

Pan glybu Siân Richard y câi hi dân glo
Pan ddeuai railway, aeth hanner o'i cho',
A gwariodd y rhent i gael 'grate' mewn rhyw ffair
Yn barod i losgi glo da Acrefair.

Rhyw siopwr o'r Bala chwaraeodd 'rogue' trics
Â Gaenor o Lanfor mewn siwgwr a wics;
Rhy fach am ei harian – on'd ydoedd e'n gnaf
'Ffei rogue,' ebe Gaenor, 'ond gwn beth a wnaf –

Af drosodd i Lerpwl pan ddelo'r relwe
Cychwynnaf 'rôl cinio a 'nôl amser te,
Caf ddigon o siwgwr a muffings a wics
Am hanner yr arian, ha! dyna i chwi nics.'

Mae llawer o ddwndwr, a ffwndwr a ffair
A llawer o chwedlau, yn gelwydd bob gair,
Un â'i farn gadarn, a'r llall â'i farn gul,
O'r braidd na phregethant y relwe ar y Sul.

Dewi Havhesp

Haul hwyr y prynhawn yn creu cysgodion trwm ar blatfform gorsaf Cyffordd y Bala, tua 1960. Mae'r ffotograffydd yn edrych i gyfeiriad Llanuwchllyn a Dolgellau.
(*Lens of Sutton*)

Injan 4-4-0, Dosbarth *Bulldog*, efallai Rhif 3450 *Peacock* – ffefryn cyson rhwng Wrecsam a'r Bermo dros y blynyddoedd – yn ymdroelli gyda'i thrên tua Rhiwabon, yn fuan ar ôl gadael gorsaf Llangollen. Mae'r darn yma o'r lein yn llwybr cerdded ar lan afon Dyfrdwy erbyn heddiw.

(*J.P. Richards, tua 1925*)

Ffordd Haearn y Bala

Hi chwâl asynnod Gwalia, – gyrru mawr
    Gwŷr a meirch ddiflanna,
    Pan wneir hon, dynion nid â
    Ar ebolion i'r Bala.

Dewi Havhesp

Llun ardderchog, adnabyddus o orsaf y 'Traws' tua 1900, gan John Thomas.

(*LlGC*)

Cyffordd y Bala, gyda'r lein o Ffestiniog ar y chwith i'r llwyfan, a'r lein o Riwabon i'r Bermo ar y dde. 16 Ebrill 1958.

(*H.B. Priestley/Casgliad GBJ*)

Y Trên

'Rôl lapio'm traed mewn hugan llwyd,
Fel pawb oedd yn y trên;
Ac ysgwyd llaw ag Wmffra Llwyd,
A chanu'n iach i Jane, –
Chwibanodd y peiriant yn gryf ac yn groch,
Fel gwichiad soniarus pum ugain o foch;
'All right,' meddai rhywun, a chanwyd y gloch.
Hergwd a phwff,
Ac mewn hanner chwiff,
Ysgytiad a chwff,
Piff, piff, piff-a-piff-piff,
Hwlti heltar skiltar skeltar,
A ffwrdd â ni
Fel rhai ar badellau,
Neu res o degellau, –
Linc lonc wrth gynffon ci.
O danom mae teiau,
A llwyn o simneiau
Yn agor eu safnau'n syn;
Ond wele ni'n sydyn,
Heb neb yn anhydyn,
Mewn hanner munudyn
Tros ddyffryn a bryn;
Trwy y twnnel – tros y pynt
Fel y gwynt:
Bwrw drwyddi – 'mlaen â hi
Yn gynt, gynt, gynt,
Pellach, pellach
Cipir ni
Strim, stram, strellach;
Ha! ha! hi!
Dacw efail, dacw siop,
Dyma Gymru, – stop, stop, stop!

Ceiriog

John Ceiriog Hughes.
(*G.W.R. Magazine*)

Mae'n amlwg mai trên *express* oedd ym meddwl Ceiriog wrth iddo gyfansoddi'r gân uchod ond, ar ôl dychwelyd i Gymru, dyma'r math o drên a ddaeth dan ei reolaeth wrth iddo weithio ar lein fach y Fan yng Nghaersŵs.

(*Casgliad Ifor Higgon*)

(GBJ)

His last drive is over, death has put on the break [*sic*],
His soul has been signalled its long journey to take;
When death sounds its whistle, the steam of life falls
And his mortal clay shunted till the last trumpet calls.

Beddargraff i yrrwr trên 29 oed, ym mynwent y plwyf, Corwen.

Agorwyd y lein yn 1865; caewyd yn 1964.

Llun cynnar o orsaf ddeniadol y Berwyn, ger Llangollen, yn dangos un postyn-signals tal â dwy fraich; dull cynnar o arwydd. Ceir y dyddiad 'Nadolig '88' ar gefn y llun gwreiddiol.

(Casgliad GBJ)

Edrych i gyfeiriad Llangollen o orsaf Cynwyd tua 1905; gwelir cymysgedd diddorol o deithwyr a staff, ger un o'r cerbydau ager newydd, Rhif 9, a adeiladwyd yn 1904.

(Lens of Sutton)

Y Trên ar Green y Bala

Y march tân, mor wych y tynna, – nid
   Yw'n ôl o ladrata:
   Lluniodd hwn i ddwyn llain dda
   O groen bol Green y Bala.

Dewi Havhesp

Agorwyd lein Bala a Ffestiniog yn 1882; caewyd yn 1961.

Injan fach ddilys Rhif 539, o eiddo'r Great Western, yn pwyllo ar 'Green y Bala' cyn cychwyn ar ei thaith i'r Blaenau, efo'i thrên twt o gerbydau 4- a 6-olwyn. Sylwer ar y cysylltiad agos rhwng trafnidiaeth y ffordd fawr a'r lein – mae'n bur debyg fod y llaeth ar ei ffordd i fyny i'r Blaenau.

(Lens of Sutton)

Injan danc Rhif 4683 yn gwthio'r cerbyd i un o seidings Cyffordd y Bala, 28 Gorffennaf 1951. Er nad yw'r haul yn gwenu mae'n amlwg, o gyfrif y ffenestri agored, fod y tymheredd yn uchel.

(R.C. Riley)

Y trên o'r Bala i Blaenau Ffestiniog

Mi welodd y peiriant yn cychwyn o'r Green
A naw o gerbydau yn dynn wrth ei din
'Gynta'r hen bortar yn gweiddi yn groch
'Oes rhywun am ddisgyn yn stesion Frongoch?'

> Mewian mae'r cathod a chyfarth mae'r cŵn,
> Rhedeg mae'r defaid wrth glywed y sŵn,
> Prancio mae'r gwartheg hyd waelod y ddôl,
> Trên wedi myned a'r bobl ar ôl.

Bloeddio yn Saesneg roedd crydd siop y parc
'We're going for the trip and there for a lark',
Ond pan oedd yn rhedeg ar gae Llechwedd Hen
Druan o'r cryddyn, fe gollodd y trên.
Trên wedi myned a'r cryddyn ar ôl.

Pobol Llidiardau sy'n myned am dro,
Pobl Rhyd Ucha' a William y go',
Bydd 'dolau'r hen geffyla' yn hynod o rad
Ar ôl i'r trên fyned i redeg drwy'r wlad.
Trên wedi myned a'r bobl ar ôl.

Dafydd y Garn yn chwys ac yn faw
Rhedeg 'i ore dan godi ei law,
A ydyw hi'n amser cael ticed 'rhen ffrind?
– Atebodd y portar, 'Mae'r trên newydd fynd'.
Trên wedi myned a Dafydd ar ôl.

Emwnt Filltir Gerrig yn rhedeg ei lais,
Gofyn i ryw hen hogyn o Sais
'Tell me the bachgen and don't be so mên
To tell to hen ffarmwr what time was the trên'?
Trên wedi myned ac Emwnt ar ôl.

Morris Roberts Amnodd yn cychwyn o'r tŷ
Ar y cyfeiriad i'r stesion am dri,
Ond pan oedd yn rhedeg ar gae Cefen Glas
Druan o Forris, fe gollodd y ras!
Trên wedi myned a Morris ar ôl.

Elis Jones (Celynfab)?

Llwyfan gorsaf y Bala, wrth edrych yn ôl tua'r gyffordd. Mae'r injan ar ei ffordd 'nôl i'r sièd, ymhellach draw na'r bocs signals, ar ôl gadael y cerbyd ger yr ail lwyfan.

(Lens of Sutton)

Mae unigrwydd gorsaf Arenig i'w weld yn amlwg yn y llun hwn. 10 Ebrill 1959.

(H.B. Priestley/ Casgliad GBJ)

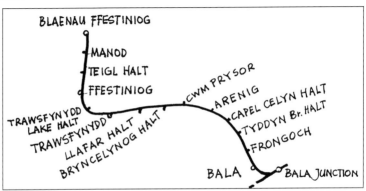

Trên nwyddau, newydd groesi pont odidog Cwm Prysor ar 29 Hydref 1960.

(*Ifor Higgon*)

Mae hanesion diddorol am reilffyrdd Cymru yn ymladd ag eira trwchus mewn safleoedd anghysbell fel Craig-y-Nos yn y de, neu Gwm Prysor ger y Bala. Fe bery atgofion o eira mawr 1947 yn fyw i lawer, ac yng ngeiriau Ithel Rowlands (y pedwerydd o'r chwith, ar ben injan a gladdwyd dan y lluwch):
'Aeth yr eira yn feistr arnom, a buom yno dros nos a diwrnod, [fe gymerodd d]dwy injan a van i gario dynion i'n twrio allan! Mae'r ffordd newydd o'r Bala i Drawsfynydd yn croesi'r lle'r aethom yn sownd, yng Nghwm Prysor.'
(*Casgliad Ithel Rowlands*)

Llun, o tua 1963, o orsaf a iard y *GW* yn y Blaenau, ar ôl i'r lein i'r Bala gael ei chau, a chyn agor y cysylltiad newydd â'r hen *London & North Western* (wedyn yr *LMS*) ar 20 Ebrill 1964.

(LlGC/Casgliad Geoff Charles)

Mae'r chwyn yn dechrau meddiannu gorsaf Trawsfynydd ar ôl cau'r lein. Sylwer ar lwyfan 'ail' orsaf Trawsfynydd yn y pellter, y tu draw i'r bont, *c*.1962.

(Lens of Sutton)

Jones y Guard I
(R. Lewis Jones)

Handy guard, most kind and gay, – so I wish
    To sing his praise alway,
    And I hope he'll be some day
    The ruler of the railway.

Hedd Wyn

Jones y Guard II

Un difyr, ffraeth ei dafod – nid rhyw 'Guard'
    Oriog, gwyllt, diwaelod,
    Ac ym mhen hwn fe wn fod
    Ymennydd mwy na'r Manod.

Hedd Wyn

Jones y Guard III

Dyn siriol a dawn siarad – yw efe
    Yn y Van yn wastad;
    Enwog ŵr, llawn o gariad
    Ar y lein yn gweini'r wlad.

Hedd Wyn

Adwaenwyd R. Lewis Jones fel 'Jones y Giard' gan lu o deithwyr lein Bala-Ffestiniog yn y cyfnod cyn y Rhyfel Byd Cyntaf. Rhywbryd tua 1905, eisteddodd (trydydd o'r dde ar y fainc) gyda'i gyd-weithwyr yn y Blaenau. Pwy, tybed, oedd y lleill?

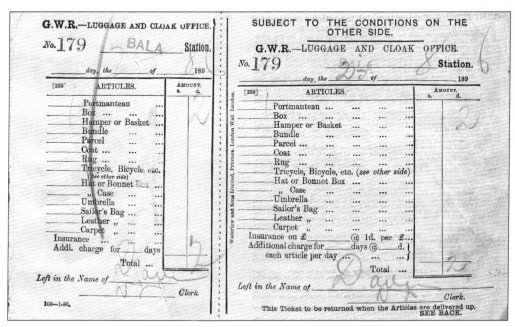

Tocyn 'Left Luggage' o'r Bala, yn dyddio o 25 Awst 1896. Peth anghyffredin yw gweld tocyn a 'counterfoil' heb eu gwahanu.

Trên Bach Corris I

Hen drên bach neis, yntefe,
　Yw trên bach Corris Relwe?

Hen injan fach dwt, a'r Van wrth ei chwt,
　Hen injan fach dwt, a'r Van wrth ei chwt,

A Huw Tŷ-Pwt yw'r dreife'.

Hen gân werin: anhysbys

Yn ôl pob sôn, roedd mwy i'r gân na hyn, ond ni osodwyd y geiriau ar bapur erioed. Gan nad oes cof am bwy yn union oedd Huw Tŷ-Pwt, mae'n bur debyg fod y gân yn dyddio o ddegawdau olaf y bedwaredd ganrif ar bymtheg. Gresyn na fyddai'n gyflawn, ac na fyddai mwy o'i thebyg ar gael i adlewyrchu llinellau cul y gogledd.

Gwanwyn olaf y lein fach! Wmffre yn gyrru injan Rhif 3 (adeiladwyd 1878) a thrên byr dros y ffordd sy'n arwain i chwarel Llwyngwern (y Ganolfan Dechnoleg Amgen heddiw).

(Locomotive & General Railway Photographs)

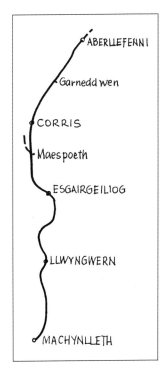

ABERLLEFENNI

Garnedd wen

CORRIS

Maes poeth

ESGAIRGEILIOG

LLWYNGWERN

MACHYNLLETH

Injan Rhif 4 yn ymlafnio tuag at Gorris ar 12 Awst 1935.

(H.F. Wheeler, trwy ganiatâd R.S. Carpenter)

Trên Bach Corris II

Trên bach Corris sydd ar gychwyn,
  Awn i mewn, cawn hwyl dros ben;
Hyd y ddôl a lawr y dyffryn,
  Mwyaf prydferth Gwalia wen.
Â yn araf lawr a fyny
  Bron bob amser braidd ar ôl,
Ond cawn fendith fawr trwy hynny,
  Gweled mwy o'r bryn a'r ddôl.

Mae ef weithiau 'rwyf yn ofni
  Bron â thorri calon un,
Gwel'd pan mae yn llawn o ddifri'
  *Bike in first**, ar ben ei hun.
Ar ddydd sêl mae'n llawn o ffermwyr,
  Un â mochyn, nall â llo,
Lle mae sŵn o fawr o synnwyr –
  Rhyfedd fod y *Guard* o'i go'.

Trên Bach Corris, diolch iti
  Er dy feiau mawr i gyd,
Da dy gael, blin f'ai dy golli –
  Cei dy brisio gan y byd;
Llawer gwell yw teithio'n araf,
  Gwylio'n ddyfal ar bob cam
Nac amcanu bod yn gyntaf
  Ac i ddistryw [wrth roi] llam.

Huw Briwnant

Cyhoeddwyd y darn uchod mewn papur newydd rhanbarthol – naill ai y Cambrian News *neu'r* Montgomeryshire County Times *– yn ystod yr 1920au. Fe'i copïwyd o doriad o'r papur tua 70 mlwydd oed, a oedd felly wedi treulio gryn dipyn; serch hynny, mae'n weddol gyflawn, ac eithrio'r llinell olaf. Agorwyd y lein i deithwyr (yn swyddogol!) yn 1883. Caewyd i deithwyr yn 1930 ac i nwyddau yn 1948.*

*Canlyniad i rasio'r trên ar gefn beic

Criw o fechgyn y pentre a dynion y lein wedi ymgynnull i groesawu'r trên yng ngorsaf Corris, ddydd Sadwrn, 23 Mai 1914. Dyma nhw – o'r chwith i'r dde:

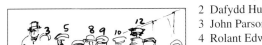

1 Mr Jones, Gweinidog Methodistaidd, Pennal (a'i feic!).
2 Dafydd Huws, Y Siop.
3 John Parsons (perchennog Siop Bryn Edwin yn ystod yr 1940au).
4 Rolant Edwards (aeth yn ddiweddarach i Awstralia).
5 Dafydd Griffiths (Bont Ifans), *Platelayer*.
6 Trefor Griffiths (gyrrwr y trên yn ddiweddarach).
7 Trefor Wood, Llwyngwern.
8 Richard Huws, Dolybont, *Platelayer*.
9 Jimmy Luke.
10 Ifan Griffiths, y *Guard* – tad Trefor (rhif 6).
11 William Morris, gorsaf-feistr Corris.
12 Will Jones (Birmingham yn ddiweddarach) *Porter-Guard*.
13 William Roberts, gyrrwr y trên.
14 Robert Ieuan Roberts, ei fab.

(George a'i Fab/Casgliad GBJ)

27   **Offis Stesion y Dduallt ar Ystorom**

Pared yn llawn papurau, – gwael loches
      Gwêl lwch hyd y byrddau;
      Bardd o'i hwyl yn ymbruddhau
      Yma erys am oriau.

I Gwilym lle digalon, – tân a mwg
      A'r tŷ'n mynd yn yfflon;
      A phwy sai'n yr offis hon
      Tan gorwynt ond dyn gwirion?

Gwilym Deudraeth

28   **Cysgu yn y 'Van'**

Heno'r wyf braidd ohoni, – hen hepian
      Anhapus ddaeth imi;
      Yn y 'Van' cas gennyf fi
      Yw sŵn peiriant Siôn Parri.*

Gwilym Deudraeth

* Gyrrwr y tren.

29   **Wedi blino yn Stesion Rhosllyn**

Ciciwch fi i werthu cocos, – neu hyrddiwch
      Fi i'r Werddon i aros;
      'Waeth ple, i rywle o'r Rhos –
      Put me in Ynys Patmos!

Gwilym Deudraeth

Llun cymharol brin o stesion Rhosllyn ger y dŵr. Erbyn hyn, mae'r llyn yn sych ac eithrio ambell gyfnod ar ôl glaw trwm.

(*Locomotive Publishing Co.*)

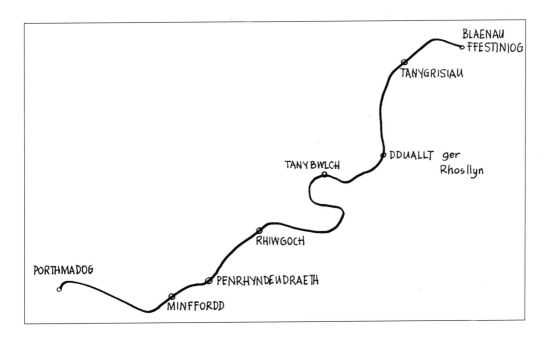

BLAENAU
FFESTINIOG

TANYGRISIAU

DDUALLT ger
Rhosllyn

TANYBWLCH

RHIWGOCH

PORTHMADOG

PENRHYNDEUDRAETH

MINFFORDD

Colli'r Trên

Llawer tro bu colli'r trên
Yn niwed i ddyn Awen.
Bûm yng Ngŵyl y Prif-Wyliau
O ddydd i ddydd hyd ddydd Iau.
Gwnes gân o eisiau gini
Ar destun ei henglyn hi;
Dwy fugeilgerdd bêr ddi-baid
A rhoddaid gwerth ei weiddi.
Ond o ymdroi'n mynd am drên
Siaradais â rhyw hoeden;
Collais fwy na'r gwobrwyon –
Pengoll serch – pwy'n gall a sôn?
Colli'r trên, colli'r eneth,
Pw, pw, mi gollais bob peth.
Tan bwys y glaw a'r awel
A heb yr un ambarél,
Rhois dro drwy Westy'r heol
I fysg gwŷr hyddysg ar ôl;
Clywed chwerthin cyfrinach
Ddifyr y beirdd fawr a bach.
Trois innau'n casáu eu sŵn
Am adre gynta' medrwn.
Gwell i'r traed a gollo'r trên
Yw'r dianc rhag gwawd Awen.

Gwilym Deudraeth,
    o *Yr Awen Barod*, cyfrol goffa Gwilym Deudraeth, (Gomer, 1943).

Coron, ci'r Dduallt

A gaewyd ar ddamwain yn Stesion y Dduallt dros nos

Yma'n isel am noson – o'i ryddid
   Gorweddai'r hen 'Goron';
Nos o boen mewn eisiau bwyd
   A dreuliwyd gyda'r oilion.

Islaw mewn gwely tawel – heb ei drin,
   Budr oedd ei gornel;
O! buodd dost, be' ddywed Del
   A Ross am ei gyflwr isel.

Ar ryw hen sach a darn o shawl – e' wnaeth
   Ei hun yn gartrefol;
Y lle i orwedd oedd weddol,
   Tan ei ben 'roedd Cotton Ball.*

E' ledodd ei aelodau, – a thuchai
   Wrth ochr y lampau;
Yma'n wir 'roedd ci'n mwynhau
   Gas Oil at ei geseiliau.

Wylai am ei hen aelwyd, – unig oedd
   Yr hen gi'n ymysgwyd;
Fe roddodd yn ei freuddwyd
   Ddwy lef am ei annedd Lwyd.

Ei hunan welai'n hanos – yn ei hun,
   Wow, wow, wow! rhed aros,
Deffroai, nadai gefn nos,
   Wyt ti yma Siân Tomos?

Ar hyn y ddôr agorwyd, – mwy y ci
   Am y cast ni welwyd;
Ar un llam roedd 'Coron' Llwyd
   Yn ôl ar ei hen aelwyd.

                         Gwilym Deudraeth

*Defnyddid 'cotton-waste' i lanhau bron popeth, o ddwylo i injans cyfan.

Nid *Coron* ond *Turk*, ci a weithiodd am flynyddoedd yn Rhymni, yn cadw defaid oddi ar y lein. 19 Ionawr 1937.

(AD&MC/Casgliad GWR)

Turk a'i feistr, un o'r 'giang' a edrychai ar ôl y lein. Roedd *Turk* ar restr-dâl y cwmni, ac anfonwyd y ffotograffydd swyddogol i dynnu ei lun.

(AD&MC/Casgliad GWR)

Tan y Bwlch yn yr Haf

Haf o'i fewn, gwêl dyrfa faith, – bywiog lu
    O bob gwlad ar ymdaith;
Lle enwog yw yn llawn gwaith –
    Dau drên yn d'od ar unwaith.

Gwilym Deudraeth

Rhifau 27, 28, 29, 31 a 32 oll o gyfrol Gwilym Deudraeth, *Chydig ar gof a chadw*,
(Gwasg y Brython, Lerpwl, 1926).

'Gwêl dyrfa faith', yng ngorsaf Tan y Bwlch ym mis Medi 1959.

(R.T.H. Platt)

Tan y Bwlch eto, ar 24 Mehefin 1964.

(R.T.H. Platt)

Ein Trên Ni
(neu Y Rheilffyrdd Prydeinig)

Nid oes na Great Western
　　Na Southern ers tro,
L.M.S. na North Eastern,
　　– Aeth yr enwau o'n co';
Y Rheilffyrdd Prydeinig,
　　(Mae'n enw go fawr)
Nyni – chi a finnau –
　　A'u piau yn awr.

Byrdwn
Pan welwch R.P.
　　Ar y trên, cofiwch chi
Fod y Rheilffyrdd Prydeinig
　　Yn eiddo i ni.

Yr injan a'r tender
　　A'r trên ar ei hyd,
Y rheiliau a'r orsaf
　　Ni piau nhw i gyd;
Pob lorri, pob ceffyl,
　　Pob pwli, pob craen;
Nyni biau'r cwbwl
　　'Rwy'n dwedyd yn blaen.

Byrdwn
Pan welwch R.P., etc.

Pob hardd orsaf-feistr
　　Pob portar drwy'r wlad,
Pob casglwr tocynnau
　　Pob shyntar, 'mwyn tad,'

Pob dreifar, pob taniwr
　　Pob giard ar bob lein,
Nyni sydd yn talu
　　Eu cyflog i'r rhein.

Byrdwn
Pan welwch R.P., etc.

Pan fyddoch yn sefyll
　　Yn y corridor llawn,
Neu'n eistedd ar fagiau
　　O ddiffyg sedd iawn,
Wrth aros am baned
　　Ym mhen ôl y ciw,
Mor llawen y teimlwch –
　　Eich busnes chwi 'yw.

Byrdwn
Pan welwch R.P., etc.

Pan fyddo'r trên olaf
　　Awr a hanner ar ôl;
A'r wraig bron digyffro
　　Yn eich disgwyl i'w chôl,
Na ddwedwch bryd hynny
　　Ddim cas am y trên,
Ond unwch i ganu
　　Fel hyn gyda gwên:

Byrdwn
Pan welwch R.P., etc.

Allan o gyfrol W. D. Williams, *Cân ac Englyn*, (Gwasg Aberystwyth, 1950).

Logo cyntaf Y Rheilffyrdd Prydeinig – y llew a'r olwyn – ar achlysur y dadorchuddio yn Paddington, Chwefror 1948.

(AD&MC/Casgliad RP)

Portread o Yrrwr Trên

Mwg yn cystadlu â mwg p'un fydd ynfytaf;
Golau'n cnoi clytiau yn y cwmwl ac yna'n bytheirio;
Rhochian cableddus mewn gardd o saim.
Gwelwch y gyrrwr baglog yn canu yn y belen ddur
'A'r mellt yn diffodd yn y gwaed',
Gan gyffwrdd â'r platiau a'r gêr, fel mwyalchen
Yn rhwbio'i haroglau llysieuig ym mhobman,
A'i faw cnawdol ar yr olwynion, ôl ei rym
Gyda miri'r ffwrnais yn dwym ar yr offer.
Wil yw'r enw,
Mab Ed Williams y Cwm a brawd Elen.
Trefna waith y twrf yn ei ffordd wylgar ei hun
A phlanna ei bersonoliaeth las yn yr olew,
Efô sy'n bob syw i bump o blant;
Plymia glepian ei waed i wythïen y piston
A llyngyra'i amodau drwy'r metel.
Trwy nosweithiau eu cwmnïaeth
A'u gwacter-ddiwydrwydd
Tröwyd y peiriant yn frongartref mirain,
Yn seintwar, canys yma y meddyliai am Dduw orau,
Duw ar yr echel, a Duw yn y creinsian,
Ac ymfalchïai ynddynt fel ei gyndadau mewn ceffyl
Nes teimlo'r glo newydd-olchi'n betal yn ei ffroenau,
A'r cogiau haearn yn cogio anwesu'i ddwylo caled,
A'i ddywenydd o dan ei gesail.
(Ddoe fe aeth fy nghariad i brynu ffrog wneuthuredig
A'i gwisgo a'i throi'n ddarn o'i chyfaredd ei hun.)
Heddiw'r Nadolig, gwres ei gartref fydd ar ei foch,
Chwys ei blant yn lle chwerthin y piston,
Eithr wrth draed braisg yr un Duw yr ymgruda
Fel pentref tlws yng nghil mynydd.

Bobi Jones

Y gyrrwr trên: George Fleming o Fachynlleth yn 1963.

(*Trwy garedigrwydd Mrs G. Fleming*)

Awdl Farwnad i'r Cardi Bach –
a redai o Hendy-gwyn i Aberteifi

Onid gwag yw'r Hendy-gwyn, – onid trist
    Heb y trên bach sydyn?
   Anorfod ydoedd terfyn –
   Trist y cau ar gledrau'r glyn.

Bu'r adeg a'i gerbydau – un llwythog,
    Fe'i llethwyd i'r drysau;
   Drwy hen gwm ail neidr yn gwau
   Oedd ei hynt ebrwydd yntau.

Bu'n drên i lawer luoedd – a hoffus
    Fu'r bwffian drwy'r cymoedd,
   Ar ei daith, mor hyfryd oedd
   Ei sefyll mewn gorsafoedd.

I'r Taf a glannau'r Teifi – i'w osteg
    Hwylustod fu'r Cardi;
   Anial heb fwg ei ynni
   Yw'r lein fach mwyach i mi.

Gyrrodd drwy fro Cilgerran – a bencydd
    Y Boncath a'i bwffian,
   Heibio yr aeth, a chwiban
   Ei whisl gre' o le i lan.

Pwyllog, ond mynd heb ballu – ling-di-long
    Hyd y lein fu'i yrru,
   Ac yntau weithiau'n chwythu
   Colofnau yn dorchau du.

Dewr ei ddod ar ddifodur ddydd – i'r fro,
    Mawr fraint ydoedd beunydd:
   Och y sôn, tawelwch sydd
   Ar y lein segur lonydd.

Galwodd yr holl drigolion – a'i hirsain
    I orsaf brydlon,
  Gan ddwyn ar ei olwynion
  Y cyhoedd yn lluoedd llon.

Mae'r trac lle tramwyai'r tryciau – a'u sgrech
    Yn sgrap i'r melinau,
A hir beidiodd cerbydau
  Relwe'r cwm 'rôl awr y cau.

A di-daith 'rôl mynd a dod
Yw y giard mewn segurdod;
Ni ddaw i fflagio'n llawen,
Neu i roi tro ar y trên.
Ofer ei ddisgwyl hefyd
A'i hwyl ar blatfform o hyd.

Ofer gofyn tocyn taith
Na'i bris mewn offis ddiffaith,
Gwag yw'r ystafell bellach
A bwth y ticedi bach.

Gŵr a'i drem ymchwilgar dro – a ddeuai
    Yn ddiwyd iawn heibio;
  Heddiw a'i hawl ni ddaw o
  A'i binshwr mwy i bwnsho.

Y seidins, pa iws ydynt – a hwythau
    Heb un gweithiwr ynddynt?
  Un siwrnai nid oes arnynt
  A'i llwyth trwm i'r cwm fel cynt.

I orsaf ni ddaw parsel
Yno mwy ar fen y mêl,
Nac undyn a'r cwdyn cau
A'i llwyth hir o lythyrau.

Distaw, difywyd osteg – a wybu
    Y caban bach glandeg;
  Ni ddaw galwad, un adeg,
  Yno i daith y trên deg.

Y lifars, a oedd loyw hefyd, – eu hegni
    Wnâi i'r signals symud,
  Dros y gêr, drwy segurdyd,
  Heddiw mae distawrwydd mud.

Login ni wêl ailagor – ei orsaf
    I un person ragor;
  Nid oes stêm y gwds a'i stôr
  Yma o wledydd tramor.

Gwael ydyw bro Llanglydwen, – O mor llwm
    Im yw'r lle anniben.
  Rhy dawel yn Rhydowen
  A llwybyr y trac lle bu trên.

Gwag yw'r Glôg, a gwiria gwlad – a'i dynion
    Nad ennill fu'r caead:
  Ond trist i deithwyr tra'd
  Ydoedd y cyfnewidiad.

Chwithig yw Crymych weithian – heb yno
    Ei chwibaniad diddan;
  Aflwydd a ddaeth i dreflan
  Y dydd yr oerodd ei dân.

Unig yw godre'r Frenni – a hiraeth
    Sy'n aros o'i golli,
  A thlotach mwyach i mi
  Yw'r afon a'r pentrefi.

Tew rwd dros gatiau'r adwy,
A'r olwynion mawrion mwy;
Heddiw ceir gorsafoedd cau
Yn oer unig heb drenau.

O'i ballu, mynnaf bellach – ei gyfarch
A'i hir-gofio mwyach:
Eto, pwy wad nad tlotach
Ydyw byd heb Gardi Bach.

D. Gwyn Evans

Pasiwyd y mesur drwy'r Senedd yn 1869, ac agorwyd y lein yn 1875; fe'i caewyd yn 1963.

Trên Aberteifi yn agosáu at Grymych, 2 Medi 1958.

(Llun: V.R. Webster)

Aberteifi. Trên cymysg ger y llwyfan ar ôl cyrraedd o Gaerfyrddin yng ngofal injan danc *pannier*. Mae'r poster ar y wal yn ceisio denu trigolion Aberteifi i ymweld â Swydd Essex. Tybed a oedd poster o Gymru yn Colchester, er enghraifft?
(*Lens of Sutton*)

Trên teithwyr o Aberteifi, yng ngofal injan danc Rhif 4557, yn cyrraedd Llanfyrnach yn hwyr yn y bore, 28 Ebrill 1962.
(*Casgliad GBJ*)

Cymysgedd o weithwyr a swyddogion y lein yn Aberteifi tua 1910.
(*Lens of Sutton*)

Rhydowen, heb fawr o sglein ar y cledrau. Gall fod yn union ar ôl i'r lein gau, neu efallai yn fore Llun, ar ôl glaw, a chyn i'r trên cyntaf fynd heibio i loywi ychydig ar bethau.

(Lens of Sutton)

Login – sglein ar y prif gledrau, a gobaith, efallai, o gael o leiaf un teithiwr.
(Lens of Sutton)

Gorsaf y Boncath, tua 1962.

(Lens of Sutton)

I'r Dreifar Trên (yn y twnnel)

I longwr ei long,
Dithau, deithiwr, yn drwm o'th drên:

o hyder ehangder gwyrdd
llithro i'r cysgodion
a llwnc
y twnnel
yn drychfilyn llysnafedd,
tywyllwch tyn
yn diferu'n faw,
caethiwed priddfeini,
a gwacter yn drawster trystiog:
hercio yng nghanol ystorm
ond canu yn y mellt

a chroeso'r haul yn dod yn faddeuant.

Ithel Rowlands

Ceg orllewinol twnnel dros filltir o hyd rhwng Aber-nant a Merthyr, ar y lein o Gyffordd Gelli Tarw, yn fuan ar ôl i'r lein gau, ddiwedd 1962.

(Llun: tua mis Mawrth 1963, gan Hans Hoyer trwy garedigrwydd Mr Douglas Williams)

John Hughes o Groesoswallt, gyrrwr hen injan 2449 a adeiladwyd yn 1893 ac a barodd hyd 1953. Tynnwyd y llun yn ystod siwrne'r trên olaf rhwng Llangynog a Chroesoswallt ym Mehefin 1952, ond rhaid cyfaddef nad oedd twnnel ar y lein hon.

(Geoff Charles/LlGC)

Nid twnnel mo hwn, ond Lloches Tirlithriad ar glogwyn y Friog, rhwng Llwyngwril a'r Friog, ar ddarn o lein cyfarwydd iawn i'r bardd. Dangosir injan Rhif 5570 yn gweithio trên 7.30 pm o'r Bermo i Fachynlleth ar 30 Gorffennaf 1957.

(GBJ)

Cân Hiraeth am yr hen drên a redai o Riwabon i'r Bermo

Fe gwynais i ddigon ar stesion Rhiwabon
  Tra'n aros am oriau i ddisgwyl am drên,
A rhynnu wrth eistedd ar fainc ddiymgeledd,
  Ond heno fe gofiaf fi hyn gyda gwên;
Fe gofiaf fi hefyd am aml i funud
  Ar foroedd yr India mewn lleithder a gwres,
Y rhoddwn i 'nghalon pe buasai Rhiwabon
  A'r fainc ddiymgeledd yn dipyn bach nes.

Nid oes yno heno 'run trên am y Bermo,
  Mae gwellt rhwng y slipars, a'r lein sydd yn rhwd;
Ni chlywaf byth eto y bryniau yn eco
  I sŵn ei chwibanu a'i bwffian mor frwd.
Ai mud fydd Llangollen? Ai marw wnaiff Corwen?
  A lenwir y Bala â mieri a chyll?
I lawr o Lyn Dyfrdwy i gwmwd Ardudwy,
  'D oes olau'r un signal yn gwanu y gwyll.

Ond melys fydd cofio'r hen drên yn ymlwybro
  Hyd lennydd mwyn Dyfrdwy i fyny i'r llyn,
Ac yna'n anniben yn dringo'r Garneddwen –
  Y barrug ar Benllyn a'r Aran yn wyn.
O ben y Garneddwen, fe saethai fel mellten
  I ddilyn yr Wnion i lawr tua'r pant,
A gwynias y gwreichion a ddôi o'i olwynion
  Pan sglefriai i ddisgyn fel bom ar Ddrws Nant.

Rhwng coedydd a chreigiau âi i lawr i Ddolgellau,
  Ymdreiddiai, ymdroellai fel neidr ar dân
I harddwch bro Mawddach – 'd oes unman rhagorach –
  I'r machlud uwch Enlli a dorrai yn gân.
Hen gychod y Bermo fel defaid â'r bendro
  Yn gorwedd wrth angor yn hafan y llan
A minnau'n mynd adref i heddwch yr Hendref
  I wylio y tonnau yn torri o'r lan.

Daeth diwedd ar bwffian, chwibanu a rhoncian,
   Er maint y protestio, daeth bwyell ddi-os;
Dangosodd San Steffan i ni o hyn allan,
   Er cymaint y golled, mai Beeching yw'r Bòs.
Fe deimlaf o'm calon dros hen drên Rhiwabon
   Mewn seidin ddiarffordd yn fusgrell a hen,
A minnau mewn oerfel yn ymyl Llandderfel
   Yn 'nelu am gartref a'r lluwch at fy ngên.

Capt. Tom Davies,
allan o *Cerddi Hen Forwr* (Llyfrau'r Faner, 1978)

Un o Ardudwy oedd Tom Davies, ac yn ystod ei yrfa bu'n gapten ar saith o longau Cunard.

Trên 1.30 pm o Riwabon i Bwllheli yn sglefrian 'i ddisgyn fel bom ar Ddrws Nant', 11 Medi 1937. Bwriad Beeching oedd cau y lein ar 18 Ionawr 1965, ond gwnaethpwyd difrod mawr i'r cledrau yn stormydd mis Rhagfyr, a rhedodd y trên olaf o Riwabon i'r Bermo ar 11 Rhagfyr 1964.

(Ifor Higgon)

91

Rhif 7822 *Foxcote Manor* yn croesi i'r lein ddwbl a redai drwy orsaf Dolgellau, gyda thrên o'r Bermo i Wrecsam. Dengys y ddwy lamp wen ar flaen yr injan fod hwn yn drên mwy cyflym na'r cyffredin ar y lein hon. Mae'r *Foxcote* eisoes wedi ymgartrefu yn Llangollen, ar yr unig ddarn o'r lein rhwng Morfa Mawddach a Rhiwabon a wêl injan 'fawr' y dyddiau hyn. Modurwyr yn osgoi tref Dolgellau a red y ffordd hyn heddiw.

(W.J.V. Anderson/Stephenson Rail Archive)

92

'O ben y Garneddwen, fe saethai fel mellten . . .'

Injan Rhif 4363 yn edrych ymlaen at y rhediad cyflym i lawr i Ddolgellau gyda thrên 2.40 pm o Riwabon i Bwllheli, 11 Medi 1937.

(Ifor Higgon)

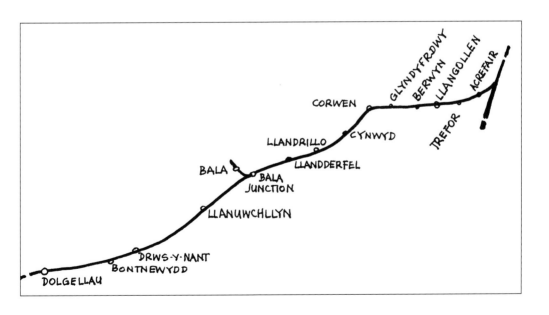

Pan gaewyd y Lein

Y cof a fyn drysori
　　hen deyrn, a'i anadl boeth;
'roedd hwn yn tra rhagori
　　yn ôl ein dadlau doeth.

Bu'n chwith am gwmni diddan,
　　cytûn eu sgwrs ar daith,
yn gleber ardal gyfan,
　　yn gymysg ffug a ffaith.

Bu'n chwith heb docyn dwyffordd
　　i'r Bala, ddiwrnod ffair,
heb newid yn y gyffordd,
　　a dim ond dau a thair.

Mae'n chwith heb driwyr lifrog
　　hen orsaf fach y Llan;
am gynganeddu lliwiog
　　o focs y 'signalman'.

A phan ddaeth rhwd, a bwyell
　　y ddedfryd honno gynt,
diflannodd mwy na llinell
　　o ddur i'r pedwar gwynt.

R.J. Rowlands

Agorwyd yn 1869; caewyd 1964-8.

Codi'r cledrau ym Morfa Mawddach yn Ebrill 1969. Gosodwyd y cledrau gwreiddiol dros ganrif cyn hynny, yn 1867. Erbyn hyn, does dim arwydd na bocs signals ar y safle.

(*Geoff Charles/LlGC*)

Pan godwyd lein y Fan, ger Caersŵs, llwythwyd y slipars gorau ar wagenni i'w defnyddio mewn safleoedd eraill.

(*Geoff Charles/LlGC*)

Gorsaf Fron-goch, ar ôl ei chau a chodi'r cledrau – tua 1972. Dengys yr olygfa i fyny'r dyffryn dalcen y sièd nwyddau yn y pellter.

(Lens of Sutton)

Gwnaethpwyd difrod mawr gan fwyell Dr Beeching yn y de yn ogystal; dyma olwg ddigalon ar yr iard lo yn Aberdâr, ddiwrnodau cyn i'r wagenni olaf symud allan, yn 1965.

(Dyfrig Gill)

Safle gorsaf Dolgellau, ger yr Afon Wnion, yn 1969. Mae rhai o'r cledrau wedi eu codi eisoes ac mae'r unig drên yn y golwg yn perthyn i ymgymerwr 'sgrap'. Ffordd osgoi sydd yma heddiw.

(*Geoff Charles/LlGC*)

97

Yn y Trên

Dyna goeden, ac adwy, – a mawndir
Yn mynd yn ofnadwy:
Dyna Aled neu Elwy,
A ffridd hir – i ffwrdd â hwy!

J.J. Ty'n y braich

Ni lwyddwyd i ddod o hyd i ddyddiad pendant ar gyfer cyfansoddi na chyhoeddi'r englyn hwn, ond efallai ei fod yn dyddio o ddegawd cyntaf yr ugeinfed ganrif.

Stesion Strata

Ffarwél i Stesion Strata,
Ffarwél i Ystrad Fflur,
Ffarwél i lynnoedd Teifi
A'u dyfroedd pur,
Ffarwél i'r grug a'r fawnog
A llwch y gweithe mwyn,
Ffarwél i ferch y bryniau
A'i serch a'i swyn.

Mae hiraeth am y dyfroedd
Ym mref yr hydd,
Mae hiraeth yn y nos
Am weled toriad dydd,
Mae hiraeth ar hen aelwyd
Am gael ailgynnau'r tân,
Mwy hiraeth sy'n fy mron
Am gariad geneth lân.

Rhudd yw ei gruddiau,
Rhosyn mewn rhith,
Dau lygad emrallt
Yn gloywi fel gwlith
Ar y gwawn.

Er gweled ar fy nheithiau
Ryfeddodau'r byd,
Ac er i diroedd pell dros ennyd
Ddwyn fy mryd,
Gwn na fyddaf fodlon
Nes profi eto'r swyn
Yng nghwmni merch y bryniau
Ar Esgair Mwyn.

Tecwyn Ifan

Ni bu fawr o newid yn Strata Florida dros y blynyddoedd. Tynnwyd y llun hwn tua throad yr ugeinfed ganrif.

(LlGC)

Strata Florida, tua 1960, wrth edrych dros y gors i gyfeiriad Tregaron.

(Lens of Sutton)

Rheilffordd Dyffryn Gwendraeth

Drwy Ddyffryn Gwendraeth 'roes o'r blaen,
 A'i sŵn a'i staen yn ddychryn,
Daeth trên dros ddistiau pren bob cam
 O Fedlam Porth y Tywyn
I gludo'r glo a'r haearn brwd
 (Blaengnwd ein holl ddiwydiant)
Gan gynnig gwaith i bob rhyw ddyn
 Ac enllyn i'w ddiwylliant.

Ysywaeth, caewyd ffas a phwll
 A phrin yw'r werin mwyach:
Nid oes ar offer nac ar lein
 'R'un sglein. Mud pob clindarddach.
Aeth Dyffryn Gwendraeth Fawr yn hen
 Heb ramant trên a'i gerbyd,
Na gwreichion tân i dwymo'r to
 Sy'n trigo 'mro fy mebyd.

Ap Edmwnd

Cwm Mawr, cyn cau y lein i deithwyr, efallai tua 1952. Agorwyd y lein yn 1869; caewyd i deithwyr yn 1953.

(Casgliad GBJ)

Llun hyfryd o injan danc Rhif 5 *Cwm Mawr*, a gweithwyr y lein ym Mhorth Tywyn, tua 1910.

(*Casgliad GBJ*)

Trên yng ngorsaf Pontyberem, yn nyddiau cynnar y lein. Mae nifer o deithwyr yn y golwg – tybed a allasai fod yn drip Ysgol Sul?

(*Real Photographs*)

Y Trên

Blin o artaith yw teithio – ond yn hwn
Mae'n hyfryd ddiflino,
Rhith a lledrith sy'n llithro
Ar frys dros garpedi'r fro.

H. Meurig Evans

Llun o'r 1930au yn dangos injan 5012 *Berry Pomeroy Castle* gyda thrên cyflym o dde Cymru i Paddington yn agosáu at Pilning.

(G.H. Soole/Casgliad GBJ)

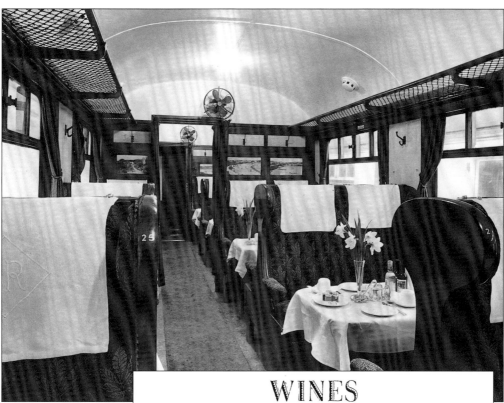

Car bwyta y *Capitals' United Express*, a redai rhwng Caerdydd a Llundain yn yr 1950au a'r 60au. Addurnwyd y byrddau â chennin Pedr yn ystod y gwanwyn. Tynnwyd y llun ar 27 Ebrill 1956.

(*AD&MC/Casgliad GWR*)

WINES

When you are ordering luncheon on this train, may we draw your attention to the interesting wines offered at prices as reasonable as any you will find in this country.

SHERRY

Medium Dry	Glass	2/6
Amontillado No. 4, Pale Dry		2/6
Fino No. 7, Pale Dry		2/6
Walnut Brown		2/6

APERITIFS

Gin and Lime, Orange or Lemon		2/6
Gin and Bitters		2/3
Gin and Vermouth, Noilly Prat or Martini		2/9
Vermouth, Noilly Prat or Martini		1/9
Tomato Juice Cocktail	Baby Bottle	1/-
Pineapple Juice Cocktail		1/-

BORDEAUX Red

	Bott.	½ Bott.	¼ Bott.
Medoc	13/-	7/-	3/9

BORDEAUX White

Graves	12/-	6/6	3/6

BURGUNDY Red

Mâcon	13/-	7/-	3/9

Kümmel		2/6
Cointreau		2/6
Bénédictine	Miniature	3/9
Bolskümmel		3/6
Cherry Heering		3/-
Drambuie		3/9

SPIRITS

Brandy, Vieux Maison, 30 years old	Measure	3/-
Brandy ★★★		3/-
Gin		2/3
Rum		2/3
Whisky—G.W.R. Special		2/6
Whisky—Proprietary Brands		2/6
Whisky—Proprietary Brands	Miniature	5/-
Brandy		5/-
Gin		4/6
Rum		4/6

CORDIALS AND FRUIT JUICES

Lime Juice	Glass	7d.
Lemon Squash		7d.

Y Llwyth

Dyma lwyth o dermau'r glo
A ddiflannodd er ys tro.

O mor dwym yw'r trowser molscin
Wedi'i iorco nawr ers tipyn.

Wrth fynd draw tuag at yr hedin
Rhaid oedd pasio'r llydan bartin.

Wedi cyrraedd ffas y topol
Diolch roed am ambell fanol.

Rhaid oedd troedio draw i'r lefel
Er mwyn dod o hyd i'r mandrel.

Mae'r hen wàg ym myd ei elfen
Dodi'r top yn saff â geren.

Draw yn wir ar bwys y cogyn
Bydd y jac yn sych 'mhen tipyn.

Wedi'r tyllu, ramo'r powdwr
Cyn creu tân trwy ddwylo'r taniwr.

'Rôl y tân, y sŵn a'r taro
Lawr i'r gob mae rhofio'r manlo.

Pleser cnoi shag cryf y joien
Cyn rhoi'r glo i gyd yn gymen.

Dyna grac yn rhwygo'r fflaten,
Pawb yn tasgu fel y fellten.

Drwy'r drws bradish, gwaith y saer,
Draw i anial y ffordd aer.

Dyma ni y cwmni llon
Mewn llawn hwyl ar arian con.

H. Meurig Evans

TERMAU

iorco	– clymu'r trowser ar hanner y goes
partin	– lle mae'r hewl yn rhannu
ffas	– wyneb, neu dalcen y glo [*face*]
mandrel	– tebyg i gaib, ond yn finiog
geren	– coedyn wedi ei dorri ar ei hyd yn ei hanner
cogyn	– coed wedi eu trefnu ar ben ei gilydd i ddal y top
ramo	– gwthio [*to ram*]
y gob	– lle i'r sbwriel
joien	– tybaco i'w gnoi
fflaten	– darn hir, fflat o goed
bradish	– stwff du cryf ei sawr, sy'n rhannu'r ffordd aer
arian con	– sef £2.10s yn yr hen arian

'Llwyth ar lwyth o gnapiau gwerthfawr' yn oedi yn iard Cadoxton, ger Y Barri, wrth aros am longau i'w hallforio.

(AD&MC/Casgliad GWR)

Yr Inclein

Reidio'r sbec a wnaem bob bore
At y glo oedd gyda'r gore,
Rasio'r ddram yn daclus ddigon
A'r ceffyl glas yn tynnu'n fodlon.

Troedio'r lein at Bencae'reithin
Gariai'r glo i lawr y dyffryn,
Llwyth ar lwyth o gnapiau gwerthfawr
Fyddai'n llanw'r tryciau enfawr.

O Gae'rbryn i waith yr Emlyn
Dringai'r inclein bob yn dipyn,
Cerddem hyd-ddi gyda'r wawrddydd
I durio'r ddaear am y tanwydd.

H. Meurig Evans

Inclein Gwauncaegurwen, tua throad yr ugeinfed ganrif.

Damwain ar inclein y Waun, 24 Awst 1906.

Yr Emlyn

Glo fel gem ddôi o'r Emlyn – i loywi
    Aelwydydd y dyffryn,
    Ag eirias lo bro a bryn
    Bythol glyd oedd ein bwthyn.

H. Meurig Evans

Injan Rhif 4120, *Atbara*, a thrên cyflym o deithwyr i dde Iwerddon (drwy Aberdaugleddau) yn rhedeg dros Bont y Llwchwr ger Cyffordd Morlais, 1913. Ar draws gwaelod y darlun daw trên o lo 'fel gem ddôi o'r Emlyn' ond ar ei ffordd i Loegr ar yr achlysur hwn.

(Darlun acrilig gan GBJ, trwy ganiatâd AD&MC)

Glofa yr Emlyn, 1931.

(Trwy ganiatâd AD&MC)